W0245267

GÜTERSDIE
LOHERVISION
VERLAGSEINER
HAUSNEUENWELT

Franz Alt
Peter Spiegel

Gerechtigkeit

Zukunft für alle
Die Grundsatzerklärung

GÜTERSDIE
LOHERVISION
VERLAGSEINER
HAUSNEUENWELT

INHALT

Gerechtigkeit ist *das* zentrale Thema für die nächsten
Jahrzehnte. Bis tief hinein in die Gesellschaften selbst
der vergleichsweise superreichen Länder bohrte sich
zwischenzeitlich das Gefühl, dass es eklatant ungerecht zugeht.

Auch wenn jene Menschen mit einem Durchschnittseinkommen von unter 0,5 Prozent des Durch-
schnittseinkommens beispielsweise der Vereinigten
Staaten von Amerika mehr Anlass zur Klage haben,
so ist die Klage über schreiende Gerechtigkeitsdefizite
fast überall in der Welt allzu berechtigt. Niemand kann
mehr die Hoffnung haben, dass die Welt wieder zur
Ruhe kommen kann, bevor wir nicht ein völlig neues
Niveau von Gerechtigkeit erreichen. Ob es um Abge-
hängtsein geht, um Flucht, um Terror – *jedes* Thema ist
heute substanziell verknüpft mit der Gerechtigkeitsfrage. Kein Problem ist mehr lösbar ohne substanzielle
Gerechtigkeit.

Substanzielle Gerechtigkeit bedeutet heute vor
allem: Gerechtigkeit und Zukunft für alle. Wenn
Menschen oder Bewegungen oder Regierungen meinen, Gerechtigkeit nur für die eigenen Leute schaffen
zu müssen, nur für die eigene Gruppe, Nation, Rasse
oder Religion, um diese dann einzäunen, einmauern
zu können, der wird grandios scheitern. Die Logik
von »»xy first« ist die Autobahn in eine Zukunft, in
der das Gefühl der Ungerechtigkeit für (fast) alle ga-
rantiert nur noch weiter massiv eskalieren wird – mit
der Gefahr eines globalen Kampfes aller gegen alle,
eines Weltwirtschaftskrieges und mehr.   9

Sinn und Zweck dieses Buches ist es, das offensichtlich kardinale Grundprinzip der Gerechtigkeit aus solcherart gefährlichen, verdrehten und zudem vollkommen überflüssigen Denkgefängnissen zu befreien – zu dem, was Gerechtigkeit sein kann und heute sein muss: der mit Abstand nachhaltigste und das Entwicklungspotenzial *aller* Menschen weitaus am besten entfaltende *Zukunftstreibstoff*.

Gerechtigkeit, verstanden als »den Entwicklungspotenzialen aller Menschen gerecht werden«, befreit derart viele neue gesamtgesellschaftliche Entwicklungspotenziale, dass »Wohlstand für alle« – materiell und sehr weit darüber hinaus als sozialer Wohlstand, ökologischer Wohlstand, Demokratiewohlstand, Bildungswohlstand, Wertewohlstand und so weiter – absolut kein Problem darstellt. Gerechtigkeit, verstanden als »den Anforderungen aller Ökosysteme gerecht werden«, ist ebenfalls überhaupt kein Problem mehr. Die beiden Teile der Autoren dieses Buches zeigen dies sehr konkret und mit vielen Beispielen. Und dennoch reicht der Platz dieses Buches nicht aus, auch nur annähernd alle wichtigen Argumente anzuführen, wie greifbar und praktisch gestaltbar Gerechtigkeit im Sinne von »Zukunft für alle« ist.

In den letzten 100 Jahren hat sich die Gesamtwirtschaftsleistung der Menschheit um das 40-fache erhöht – obwohl nur ein sehr geringer Teil der Menschheit eine Chance hatte, seine eigentlichen Potenziale dazu einzubringen. Die technologischen Möglichkeiten werden sich im Laufe der vor uns stehenden Jahre und Jahrzehnte noch unvergleichlich stärker ausweiten. Der Zugang für alle zu allen zukunftsgestaltenden Faktoren der Technik, der Bildung, der Vernetzung wird sich in noch unvorstellbarer Dimension verbessern. Und die damit unverzichtbar verbundene Komplettumstellung auf nachhaltiges Wirtschaften und Leben ist technisch und systemisch gestaltbar.

Auf was warten wir noch?

Franz Alt & Peter Spiegel

TEIL I
FRANZ ALT: GERECHTIGKEIT

1. Gerecht und intelligent

Wie gerecht geht es zu auf unserer Welt, wenn 2016 acht Milliardäre über mehr Vermögen verfügten als die ärmere Hälfte der Menschheit – wenn also acht Menschen reicher sind als 3,7 Milliarden Arme? Auch wenn diese Zahlen wissenschaftlich umstritten sind, so viel steht fest: Unsere Welt ist voll unvorstellbarer und nicht hinnehmbarer Ungerechtigkeit. Was wir schon immer wussten oder ahnten, ist Realität: Geld regiert die Welt. Acht besitzen mehr als 3.700 Millionen. Neben den 200 Regierungen auf diesem Planeten etabliert sich eine Welt-Geld-Regierung – undemokratisch, unfair und ungerecht. Symbol dafür ist der regierende Milliardär Trump in den USA mit seinen vielen Milliardären in seiner Regierung. Diese Kabinetts-Milliardäre besitzen mehr als die ärmsten 100 Millionen US-Amerikaner. Das kann nicht gut gehen. Der real existierende Finanzkapitalismus ist getrieben von Geld, Geiz, Gier und Größenwahn – wir leben in einer Geld-Welt-Gesellschaft. Kein Wunder, dass 80 Prozent der jungen US-Amerikaner bei Umfragen sagen, sie wollen »vor allem reich« werden.

Die acht reichsten Männer der Welt sind:
1. Bill Gates (Microsoft, 75 Milliarden Dollar)
2. Amancio Ortega (Inditex, 67 Milliarden)
3. Warren Buffett (Berkshire Hathaway, 60,8 Milliarden)
4. Carlos Slim Helú (Grupo Carso, 50 Milliarden)
5. Jeff Bezos (Amazon, 45,2 Milliarden)
6. Mark Zuckerberg (Facebook, 44,6 Milliarden)

7. Larry Ellison (Oracle, 43,6 Milliarden)
8. Michael Bloomberg (LP, 40 Milliarden)

Die weltweite soziale Ungerechtigkeit ist weitaus dramatischer als bisher vermutet. Noch vor sieben Jahren hatten 308 Milliardäre mehr als die ärmere Hälfte der Menschheit, heute sind es acht und in weiteren sieben Jahren besitzen vielleicht noch zwei Milliardäre mehr als die 3.500 Millionen Arme – man muss kein Ökonom sein, um zu verstehen, dass hier eine Zeitbombe tickt, die das System bald sprengen wird. Man muss kein Prophet sein, um einen Weltwirtschaftskrieg vorherzusagen. Die Flüchtlingsströme sind ein harmloser Vorbote desselben. Die meisten Menschen haben ein feines Gespür für Gerechtigkeit und werden diesen Wahnsinn auf Dauer nicht hinnehmen. Wenn Profite wichtiger sind als Menschen, ist eine Rebellion nur noch eine Frage der Zeit.

Die große Ungerechtigkeit unserer Zeit ist nicht primär ein materielles oder ein Verteilungsproblem, es ist eine tiefer gehende Frage, ein spirituelles und ein philosophisches Problem.

Es ist kein Zufall, dass bei allen großen Philosophen seit 2.600 Jahren »Gerechtigkeit« die Kardinaltugend Nummer eins ist – nach Klugheit, Mut und Maßhalten.

Die Überwindung der aktuellen himmelschreienden Ungerechtigkeit ist das höchste und wichtigste Ziel unserer Zeit. Armut ist nicht die Schuld der Armen, sie ist die Schuld eines ungerechten Systems. Aber dieses können wir ändern. Wie aber kann das kranke System gesunden? Kann es überhaupt? Wie soll diese Geld-Welt-Herrschaft in der Lage sein, die menschlichen

Probleme zu lösen? Und gibt es Wege zu einem inneren Reichtum, der uns glücklicher macht als Geld?

Wir wollen eine Welt mit mehr satten Menschen und weniger satten Gewinnen. Eine Wegmarke zu diesem Ziel sind ein globaler Mindestlohn für die Ärmsten und eine weltweite Mindeststeuer für Konzerne und Milliardäre sowie die Schließung der Steueroasen. Davon würden nicht mehr nur einige wenige Menschen profitieren, sondern die breite Mehrheit. Später in diesem Buch werden diese Vorschläge konkreter.

Wir Menschen wurden nicht geschaffen, um in Armut kümmerlich zu vegetieren, sondern um glücklich zu werden.

Ende 2016 erschien in Deutschland ein Buch des ehemaligen Chefredakteurs des »Handelsblatts«, Hans-Jürgen Jakobs. Demnach spekulieren und investieren die 200 mächtigsten Vermögensverwalter, Fondsmanager, Scheichs, Oligarchen und die reichsten Familien der Welt mit 47 Billionen US-Dollar, in Zahlen: 47.000.000.000.000 $. Ihnen gehört die Welt. Auch diese Zahlen beweisen die uralte Erkenntnis: Geld regiert die Welt. Die Frage wird dringlich: Wer regiert das Geld?

Die billionenschweren Fonds konzentrieren Geld und Macht von unten nach oben. Ihr Wachstum und ihre Gier nach Rendite sind zugleich die größte Bedrohung des Mittelstands in den reicheren Ländern. Denn die genannten 47 Billionen Dollar sind so viel Geld wie das Bruttoinlandsprodukt der EU, der USA, Chinas und Japans zusammengerechnet. Zehn Jahre nach der letzten Weltwirtschaftskrise steht fest: Die Hyperreichen sind die großen Gewinner des Aufschwungs seit 2010 – sie haben ihren Reichtum noch einmal um eine halbe Billion Dollar vermehrt, während die 3,7 Milliarden Arme eine Billion Dollar verloren haben. Sie verloren in den letzten Jahren ihre Jobs, ihre Häuser, ihre Ersparnisse.

Den Wert des Mittelstands hatte schon Aristoteles erkannt: »Wenn nun das Maß und die Mitte anerkanntermaßen das Beste sind, so ist auch in Bezug auf den Besitz der mittlere von allen der beste. Denn in solchen Verhältnissen gehorcht man am leichtesten der Vernunft ... Der Staat soll also möglichst aus Gleichen und Ebenbürtigen bestehen und das ist bei den Mittleren am meisten der Fall ... Solche Staaten haben eine gute Verfassung, in denen die Mitte stark und den beiden Extremen überlegen ist.« Eine starke Mittelschicht ist die Basis für die Stabilität einer Demokratie. Schlag nach bei Aristoteles.

Hier liegt die wahre Unzufriedenheit mit den herrschenden Verhältnissen und mit dem politischen Establishment. Fest steht aber auch, dass ein neuer Nationalismus keine Antwort auf Hunger, Armut und globalen Temperaturanstieg sein kann. Die Probleme sind nur global zu lösen: Mit einer intelligenteren und gerechteren Globalisierung. Ein Wunderrezept gegen die Dummheit des Nationalismus habe ich nicht. Doch meine journalistische Erfahrung sagt mir: Nur Aufklärung und Wissen können diese Krankheit heilen. Jean-Paul Sartre hat einmal geschrieben: »Es kommt nicht darauf an, was man aus uns gemacht hat, sondern darauf, was wir aus dem machen, was man aus uns gemacht hat.«

Die Neo-Nationalisten schüren ein gefährliches Feuer. Sie haben nichts aus der Geschichte gelernt. Sie wollen eine relativ friedliche europäische Nach-   **17** kriegsordnung in eine gefährliche Vorkriegsordnung zurückbeamen.

Trump-Wähler, AfD-Anhänger und Brexit-Befürworter sind zu Recht unzufrieden. In den USA ist das Realeinkommen eines Vollzeit-Arbeitnehmers seit 1977 nicht mehr gestiegen. In Deutschland stagniert das Haushaltseinkommen der unteren 30 Prozent seit 25 Jahren. Dabei hat die Globalisierung die Welt reicher gemacht. Wenn diese Globalisierung jedoch Zukunft haben soll, dann müssen die Gewinner so gerecht besteuert werden, dass eine breite Teilhabe am Wohlstand für alle möglich wird – zum Beispiel durch ein kostenloses Bildungssystem, gerechtere Steuern für die Reichen und geringere Besteuerung von Geringverdienenden.

Das heißt schlicht und einfach: Wir müssen einen radikalen Kurswechsel wagen.

1. Wer mit Hand und Kopf arbeitet, sollte nicht weniger verdienen als diejenigen, die ihr Geld nur mit Geld verdienen. Geld arbeitet bekanntlich nicht.

2. Wir brauchen Riesen-Investitionen in Bildung, die sozialen Aufstieg ermöglichen. Wie gerecht ist es, dass in Deutschland drei Viertel aller Akademiker-Kinder studieren, aber nur ein Viertel der Arbeiter-Kinder?

3. Weniger Steuern und Sozialbeiträge für die Mehrheit, damit sie besser leben und Vermögen bilden können.

4. Diejenigen, die sich abgehängt fühlen und den Abstieg fürchten, brauchen eine neue demokratische Heimat, in der sie sich auch einbringen können. Wer in der Demokratie schläft, wird in einer Diktatur aufwachen.

In einer gerechten Gesellschaft gibt es keine Reichen und keine Armen – zumindest keine Superreichen und keine Bettelarmen. Mehr Gerechtigkeit: Das ist der kategorische Imperativ unserer Zeit. Obwohl die Menschheit heute reicher ist als je zuvor, arbeiten noch immer beinahe eine Milliarde für sklavenähnliche Löhne von unter zwei Dollar am Tag. Wenn uns Rechtspopulisten einreden, dass unsere abgehängte Mittelschicht »Opfer der Globalisierung« sei, ist dies purer Zynismus. Für unseren Wohlstand arbeiten in Billiglohnländern des armen Südens Millionen Lohnsklaven, die früher sterben als wir, oft keine Schulbildung genießen, ein Leben lang ohne Aufstiegschancen bleiben und in einer kaputten Umwelt leben und arbeiten. Diese modernen Arbeitssklaven »verdienen« 25 Cent pro Arbeitsstunde. Einen konkreten Weg aufzuzeigen, diese extreme Armut und Ungerechtigkeit zu überwinden, ist das wichtigste Ziel dieses Buches.

Dafür müsste die EU eine einzige Richtlinie verabschieden, die besagt, dass nach Europa nur noch Waren eingeführt werden dürfen, bei deren Produktion Löhne oberhalb eines Dollars pro Stunde bezahlt worden sind. Also: Globaler Mindestlohn von einem Dollar pro Stunde in den armen Ländern des Südens. Die »Ein-Dollar-Revolution« gegen Ausbeutung und Armut. Eine entsprechende Resolution gegen diese gröbste Menschenrechtsverletzung unserer Zeit wurde in wenigen Tagen von 50.000 Menschen unterschrieben. Wir fordern von der UNO, den globalen Mindestlohn als Menschenrecht anzuerkennen. Das Ergebnis dieser »Revolution« wäre ein Gewinn für alle: für die globale Wirtschaft ebenso wie für die Armen und die

Volkswirtschaften der armen Länder, die allesamt gestärkt würden.

Das Göttlichste, was es auf dieser Welt gibt, ist die Liebe – ein spirituelles Synonym für Gerechtigkeit. In der hebräischen Bibel heißt Gerechtigkeit Zedaka, und das bedeutet etwa »richtiges Leben nach den Gottesgesetzen«. Wir können immer darüber streiten, ob Gerechtigkeit oder Freiheit das höhere Gut ist. Aber Freiheit darf nie der Gerechtigkeit und Gerechtigkeit nie der Freiheit geopfert werden.

In einer gerechten Gesellschaft müssen auf diesem reichen Planeten *alle* Mitglieder ihre materiellen Grundbedürfnisse befriedigen können: Nahrung, Kleidung, Wohnung, Arbeit, Bildung, Sicherheit, Gesundheit in einer intakten Umwelt. Auf spiritueller Ebene heißen diese Grundbedürfnisse: Liebe, Vertrauen, Hoffnung und Glück. Die vorherrschende Gier-Wirtschaft hat mit Ökonomie im ursprünglichen Sinne von Haushalten nichts zu tun. Eine ethisch fundierte Marktwirtschaft, wie sie Ludwig Erhard einst gemeint hat, orientiert sich primär an einer Gemeinwohl-Wirtschaft und nicht in erster Linie an der Geldvermehrung von wenigen um jeden Preis.

Eine ethische Marktwirtschaft will ein gutes Leben und eine Zukunft für alle. Das heißt zunächst einmal: Politik und Wirtschaft müssen mehr für die Mehrheit tun. Die Abkehr von vulgär-liberaler Politik, die einen Raubtier-Kapitalismus mit wenigen Reichen und vielen Armen hervorgebracht hat, ist die Aufgabe Nummer eins und zugleich das wirksamste Instrument gegen den aufstrebenden Populismus von rechts. Politisch rechts meint immer »Ich. Ich. Ich«, »Meine Nation. Meine Nation. Meine Nation« und »Mein Volk. Mein Volk. Mein Volk«.

Wir alle sind ein Teil von siebeneinhalb Milliarden Menschen, die heute unseren Planeten besiedeln. Deshalb ist das »Wir« wichtiger als das »Ich«. Die Zukunft aller ist zu wichtig, um sie Rechtspopulisten mit ihrem Hass auf Minderheiten und ihrer Hetze auf »die da oben« zu überlassen.

Einer der brutalsten »Ich«-Menschen unserer Zeit ist US-Präsident Donald Trump. Das Kabinett dieses Ego-Männchens besteht aus 17 Mitgliedern, meist Milliardäre. Kann man von dieser Regierung der Milliardäre eine gerechtere Politik erwarten? Aber: Auch Donald Trump wird liberale, soziale, ökologische und tolerante Gegenkräfte mobilisieren. Schon zu seiner Amtseinführung waren im Januar 2017 weit mehr Menschen gegen seine Politik auf der Straße als für seine vorgestrige Politik des weißen Neonationalismus und des schieren Kapitalismus. Helfen gegen den zurzeit vorherrschenden unflätigen Ego-Trumpismus könnte zum Beispiel ein Blick in die bayerische Verfassung. Dort steht klar und eindeutig und stark: »Die gesamte wirtschaftliche Tätigkeit dient dem Gemeinwohl«, und weiter heißt es im Artikel 151: »... die wirtschaftliche Freiheit des Einzelnen findet ihre Grenzen in der Rücksicht auf den Nächsten.« Ja tatsächlich – beinahe ein Wunder – auch dieser Satz steht in der bayerischen Verfassung aus dem Jahr 1946: »Kapitalbildung ist nicht Selbstzweck, sondern Mittel zur Entfaltung der Volkswirtschaft.« Wenn Norbert Blüm, Heiner Geißler oder Sarah Wagenknecht heute noch so zu sprechen wagen, gilt dies als Sozialromantik.

Doch Geschichte und Evolution verlaufen oft ganz anders, als wir es uns in unserer Augenblicks-Angst vorstellen. Ohne Trump im Nacken hätte zum Beispiel die Weltgemeinschaft nicht so rasch das Pariser Klimaschutzabkommen ratifiziert. Das Kyoto-Protokoll, das 1997 in Japan beschlossen wurde, hatte noch sieben Jahre gebraucht, um in Kraft treten zu können. Das viel wichtigere und ehrgeizigere Pariser Klimaschutzabkommen aber war bereits nach weniger als einem Jahr in Kraft, allein deshalb, weil die Welt Angst hatte vor dem Klima-Ignoranten im Weißen Haus. Geschichte entwickelt sich immer dialektisch, nie geradlinig. Danke Mr. Trump im Namen aller Klimaschützer. Sie waren zumindest in diesem Fall jene Kraft, die – frei nach Goethe – Böses will und trotzdem Gutes schafft. Die richtige Antwort auf die Rechtspopulisten in den USA und in Europa ist eine sozialere Politik.

2. Mehr Geld für die Mehrheit

Das Ergebnis einer gerechteren Politik muss mehr Geld und mehr Sicherheit für die Mehrheit in einer Epoche des Umbruchs sein. Und: Die Schattenwirtschaft mit ihren unsäglichen Steuerverstecken muss endlich bekämpft werden. Die British Virgin Islands haben 30.000 Einwohner und 600.000 Briefkastenfirmen – der perfekte Schlupfwinkel für Steuerhinterzieher. Hier machte zum Beispiel der Welt-Fußballer Cristiano Ronaldo Geschäfte über 150 Millionen Euro – wie der »Spiegel« herausfand. Der portugiesische Fußball-Weltmeister – ein Geld-Meister. Ronaldo ist nicht allein. Millionen Dokumente belegen, »wie gierig und entfesselt die ganze Branche ist«, so der »Spiegel«. »Profifußball ähnelt inzwischen viel eher dem organisierten Verbrechen als irgendeinem Ideal des Sports«. Sport als Abbild einer Wirtschaft, deren oberstes Ziel Gewinnmaximierung geworden ist. Bundesligavereine fordern Steuergelder für neue Stadien und fördern zugleich Steuerhinterziehung. Dieses Fußballsystem ist so krank wie das vorherrschende Wirtschaftssystem. Fußball ist oft kein Spiel mehr, sondern Finanz-Kapitalismus.

Die Offshore-Finanzplätze wurden und werden für die schändlichsten Geschäfte benutzt: von Steuerhinterziehung in riesigem Ausmaß über unvorstellbare Korruption bis hin zu verabscheuungswürdiger Kinderpornografie. Alle geheimen Steuerdeals müssen publik werden. Aber noch sind die, die von der Verschwiegenheit profitieren, sehr mächtig. Und die Politik insgesamt ist zu feige. Von dieser Feigheit profitieren aber die Steuerhinterzieher, die Steuer-Umgeher und ihre politischen Helfershelfer in Panama, aber auch in Luxemburg, in Irland und in den Niederlanden. Es war die Regierung in Irland, die es zuließ, dass dort Apple 0,005 Prozent Steuer bezahlt.

Die Angst vor Großkonzernen, Autokraten und ihren Verwandten, vor Superreichen, Waffendealern und Drogenhändlern muss in praktische Politik umgesetzt werden. Das Geschäft mit Briefkastenfirmen kann durch mehr Transparenz beendet werden. Die Zivilgesellschaft und die Medien müssen bisher geheime Geschäfte überprüfen können. Die Veröffentlichung der Panama-Papers hat gezeigt, welche Wirkung Transparenz haben kann.

3. Liebe verändert alles

Auch in Deutschland gefährdet die Ungleichheit von Chancen und Vermögen die Leistungsfähigkeit der Gesellschaft. Deutschland hat eine besonders hohe Ungleichheit bei Vermögen, Einkommen und Chancen.

Die Einkommensungleichheit der unter 40-Jährigen liegt hierzulande heute doppelt so hoch wie noch in den 1970er Jahren. Die ärmsten 40 Prozent der Deutschen haben praktisch kein Nettovermögen, also keine Ersparnisse fürs Alter oder für Bildungsausgaben zugunsten ihrer Kinder. Die soziale Marktwirtschaft, auf die wir in jeder Sonntagsrede schwören, ist faktisch außer Kraft gesetzt. Nur jeder vierte Deutsche schafft es, einen besseren Bildungsabschluss zu erlangen als seine Eltern, hat der Präsident des Deutschen Instituts für Wirtschaftsforschung, Marcel Fratzscher, errechnet. Ein Armutszeugnis für das reiche Deutschland. Wenn vielen Menschen die Chance genommen wird, ihre eigenen Talente und Fähigkeiten zu nutzen, und wenn sie deshalb ihrer Eigenverantwortung beraubt sind, kann keine Rede von einer funktionierenden Marktwirtschaft sein. Fratzscher bringt es auf den Punkt: »Die soziale Marktwirtschaft existiert nicht mehr.«

Kein Zufall: Bei der Wahl in Berlin 2016 wählten noch 18 Prozent der Arbeiter die frühere Arbeiter-Partei SPD, aber 27 Prozent die AfD.

In ganz Europa war früher die Sozialdemokratie der Schutzpatron der »kleinen« Leute, der sozial Schwachen. Sie vermittelte Hoffnung auf eine bessere Zukunft. Doch seit den neunziger Jahren unter Gerhard Schröder in Deutschland und Tony Blair in England verwandelten sich die »Sozis« in Marktradikale, liberalisierten die Finanzmärkte, senkten die Steuern und bereiteten den Hedgefonds den Weg. Die »Agenda 2010« der einstigen Arbeiterpartei SPD war schließlich die »größte Kürzung von Sozialleistungen seit 1949« (FAZ). So wurde der Weg frei für die
Rechtspopulisten.

Unsere heutigen Probleme sind komplex und global, doch Populisten antworten simpel und national.

Die kapitalistisch fundierte Globalisierung der letzten 30 Jahre, die weltweite Digitalisierung, die Industrialisierung der Landwirtschaft und die real existierende Gier-Wirtschaft haben dazu geführt, dass viele Menschen arbeitslos wurden: die traditionell orientierten Bergleute, Drucker, Stahl- und Automobilarbeiter sowie besonders viele Bauern und Millionen Angestellte bei Banken und Versicherungen. Die Kluft zwischen Verlierern und Gewinnern der Globalisierung wurde immer größer. Bei dieser Entwicklung kommt es nicht nur auf Jobs an, sondern auch auf deren Qualität und darauf, ob man davon leben kann. Jeder vierte US-Arbeiter lebt heute vom Mindestlohn. Die oberen 0,1 Prozent besitzen in den USA so viel wie die unteren 90 Prozent. Da ist der Triumph eines Demagogen wie Trump, der allen alles verspricht, schon vorbereitet. Wenn die Wirtschaft tatsächlich gerechter und fairer werden soll, dann muss sie kleinteiliger werden.

Nur über dezentrale Wirtschaftsstrukturen schaffen wir die klimaverträgliche Energiewende und eine nachhaltige Kreislaufproduktion.

Wer die Klimaerwärmung stoppen, Gerechtigkeit fördern und Globalisierung gestalten will, könnte damit seinen Wählern ein neues, attraktives europäisches Projekt der Hoffnung anbieten. Das könnte in Deutschland zum Beispiel bald eine neue rot-grün-rote Koalition sein oder auch eine schwarz-grüne. Aber bitte nicht mehr eine weitere große Koalition.

Gute Zukunft kann nur heißen: Zukunft für alle. Und zwar weltweit. Wir haben, sagt der Dalai Lama, eine »universelle Verantwortung« für unseren Planeten. Erst die allumfassende Liebe macht das Leben lebenswert. Liebe ist hier ein anderes Wort für Gerechtigkeit. Schon in den ersten Stunden unseres Lebens ist klar: Nur die Liebe rettet unser Leben. Das sagt uns heute auch die Wissenschaft: Die Gehirnforschung weiß, dass Mutterliebe die Entwicklung unseres Gehirns schon im Mutterleib positiv beeinflusst, die Biologie, die Gynäkologie und die Psychologie bestätigen diesen Befund, und der Kern aller Religionen ist seit Jahrtausenden die Liebe. Zwei wesentliche persönliche Erfahrungen meines langen Lebens nach hunderten Fernsehsendungen, 4.000 öffentlichen Vorträgen und über 40 Büchern: Erstens – Liebe verändert alles, auch im Tierreich sterben die Jungen ohne Mutterliebe und zweitens – ein einziger Mensch mit tiefer Überzeugung bewirkt mehr als 99, die nur ihre Interessen vertreten.

Wenn wir diese privaten Erkenntnisse auf die Weltpolitik und auf die Weltwirtschaft übertragen, ergeben sich folgende Programme und Aufgaben für eine alternative Globalisierung:

- Globalisierung der Menschlichkeit statt einer Globalisierung des Gewinnstrebens,
- Globalisierung des Teilens statt des Egoismus,
- Globalisierung der Solidarität statt des Machtgewinns,
- Globalisierung der Vernunft und Lebensintelligenz statt der nationalistischen Vorurteile.

4. Elektrische Intelligenz: leise, leicht und nachhaltig

Auf der Pressekonferenz nehmen die VW-Bosse auf einer kahlen Bühne mitten im Wolfsburger VW-Imperium wieder einmal große Worte in den Mund: VW wollte einst »der größte Autobauer der Welt« werden. Dann aber kam der Dieselskandal, der vielleicht größte Betrugsskandal der Autoindustrie-Geschichte. Jetzt plötzlich ist die Rede vom »größten Umbauprogramm in der Geschichte des Unternehmens« oder vom »größten Modernisierungsprogramm«. Der Dieselskandal hatte auch sein Gutes. »Wir setzen uns an die Spitze der Veränderung«, sagt ein Vorstand. Die Krise wurde wieder einmal zum Glücksfall. Im kleinen Kreis hatte VW-Chef Matthias Müller zuvor schon durchblicken lassen, dass erst die Affäre jenen Druck freigesetzt habe, den man für die Modernisierung gebraucht hat: zum Elektroauto, zum Car-Sharing, zu Taxi-Apps. Dabei wird der VW-Konzern weltweit 30.000 der insgesamt 625.000 Arbeitsplätze verlieren, aber etwa 9.000 neue Jobs gewinnen. Verlieren werden vor allem die 5.700 Leiharbeiter. Es gibt für sie bei VW keine Zukunft mehr. Die Jobs der Festangestellten werden sozialverträglich über Frührente oder Altersteilzeit allmählich abgebaut – von der Stammbelegschaft wird niemand gekündigt. Damit aber hat VW seinen Dieselskandal noch lange nicht wirklich aufgearbeitet. Milliardenstrafen warten noch auf den größten deutschen Konzern. Und über die Autobranche insgesamt wurde soeben bekannt, dass sie Millionen Autofahrer auf der ganzen Welt über den wahren Benzinverbrauch betrogen hat. VW ist überall!

Die Benzinautos verbrauchen 40 Prozent mehr Sprit, als den Käufern bisher vorgegaukelt wurde. Immer mehr Menschen fragen sich: Wem an der Spitze der Autokonzerne kann man heute überhaupt noch vertrauen?

Die gute Botschaft beim Umstieg auf E-Autos: Der Ökostrom, der dafür künftig gebraucht wird, schafft weit mehr Arbeitsplätze als in der alten Energiewirtschaft verloren gehen. Die 33 Prozent Ökostrom, die in Deutschland heute produziert werden, haben zu 350.000 neuen und zukunftsfähigen Jobs geführt. Das sind bereits mehr Arbeitsplätze als gebraucht werden, um die 65 Prozent herkömmlichen, atomar-fossil erzeugten Strom zu produzieren. Neue Energie, neue Mobilität, neue Arbeitsplätze. Diese neuen Zusammenhänge schaffen auch neues Vertrauen in die Zukunft.

Der derzeitige Vertrauensverlust aber verunsichert auch die Wählerinnen und Wähler. Zukunftstrends wurden bei VW lange als Hirngespinste verspottet. Doch durch den Dieselskandal kam alles anders. Und wieder einmal bewahrheitet sich die uralte Menschheitserfahrung, wonach in jeder Krise eine Chance schlummert. Es ist wahrscheinlich kein Fehler, Fehler zu machen, dafür sind wir Menschen. Aber es ist ein ganz großer Fehler, wenn wir aus Fehlern nichts lernen oder nicht rechtzeitig lernen.

1. Nationalismus heißt Krieg

Zur Verunsicherung tragen das absehbare Ende der
alten Rohstoffe ebenso bei wie Ängste über die Glo-
balisierung, die Herausforderungen der Energie- und
Verkehrswende, des ökologischen Landbaus, der glo-
bale Temperaturanstieg und die Flüchtlingskrise. In
Zeiten des Umbruchs hatten Populisten schon immer
Hochkonjunktur. Doch die Trumps in den USA, die Le
Pens in Frankreich, die AfD in Deutschland, die Geert
Wilders in den Niederlanden und die Viktor Orbans in
Ungarn haben mit ihren neonationalistischen Sprü-
chen über die »gute, alte Zeit« gar keine wirklichen
Zukunftsrezepte. Ihre populistischen, sexistischen,
frauen- und ausländerfeindlichen Parolen sind von
gestern und machen primär Angst. Wenn aber Angst
vorherrscht, bleibt in der Wahlkabine die Vernunft auf
der Strecke.

Technischer Wandel, Arbeitslosigkeit und Per-
spektivmangel haben zu einem tatsächlichen oder
zumindest gefühlten Abstieg der Mittelschichten geführt. Dieser Abstieg wurde oft auch von einer über-
heblichen Besserwisserei der etablierten Gewinner in
Politik, Publizistik, Wirtschaft und Wissenschaft begleitet – oft in einem nur noch peinlich anmutenden
Eliten-Kauderwelsch, lieber Peter Sloterdijk, und mit
spürbarer Verachtung für die »Normalos« da unten.
Die Verrohung der Sprache ist immer ein Warnsignal.
Die da unten sind kein »Pack«, lieber Sigmar Gabriel,
und die Bundeskanzlerin ist keine »Volksverräterin«,

liebe Pegida-Freunde. Diese Sprach-Verrohung hat Trotz, Wut, Aggression und Demokratiefeindlichkeit zur Folge – eben die vielzitierte »Wut der weißen Männer«. Die Gründerväter der USA, aber auch die Mütter und Väter des deutschen Grundgesetzes im Jahr 1948 waren davon überzeugt, dass Wissen und Vernunft die Basis einer repräsentativen Demokratie sein müssen, wenn wir fähig sein wollen, uns selbst zu regieren, wenn »alle Staatsgewalt vom Volke« ausgehen« soll (Artikel 20 Grundgesetz) – in Wahlen und Abstimmungen.

Doch was hilft ein Rückzug in die alten Nationalismen? Unser Bauchnabel ist nicht der Nabel der Welt. Die Geschichte hat uns schmerzhaft gelehrt, dass Nationalismus immer Fanatismus und dann oft Krieg zur Folge hat. Nach 1945 und nach zwei schrecklichen Weltkriegen haben wir endlich gelernt, dass und wie das Gespenst des Nationalismus überwunden werden kann. Dabei kann der Gedanke an ein »christliches Abendland« schon sehr hilfreich sein. Denn dessen Werte wie Barmherzigkeit, Nächstenliebe und Solidarität sind in den letzten Jahrzehnten des Brutal-Kapitalismus ja tatsächlich unter die Räder gekommen.

Das Beste, was Deutschland passieren konnte, ist Europa. Sollen die Vereinigten Staaten von Europa ein utopischer Traum bleiben? Die noch wichtigere Frage ist freilich: Wollen wir ein Europa der Humanität und der Menschenrechte, der Gerechtigkeit und Freiheit oder ein Europa der Spekulanten?

Wenn wir innerhalb der europäischen, aber auch zwischen den europäischen Gesellschaften keine größere Gerechtigkeit erreichen, dann ist und bleibt dieses Europa krank und ruiniert selbst seine Sicherheit und seinen Wohlstand. »Unfairness ist eine Autoimmunerkrankung«, schreibt der indische Arzt Julian Simon, der seit 25 Jahren in Deutschland lebt und praktiziert.

Wir Europäer übersehen zu schnell, dass Europa für Millionen Flüchtende noch immer eine Verheißung ist. Dafür setzen sie oft ihr Leben aufs Spiel. Die EU sollte eine Erweiterung um Russland anstreben, statt NATO-Raketen auf Russland zu richten –, sie würde an Attraktivität gewinnen, wenn »unser gemeinsames Haus Europa«, von dem Michail Gorbatschow geträumt hat, endlich Wirklichkeit würde. Und diese EU hätte ihre besten Zeiten noch vor sich. Europa ist Frieden. Europa ist faszinierend: Allein das EU-Parlament hat mich schon immer durch seine Zusammensetzung begeistert: 751 Abgeordnete aus 28 Ländern, in acht Fraktionen, die 300 Parteien und Bewegungen repräsentieren, multikulturell und einzigartig, historisch betrachtet ein wundervolles Friedensprojekt.

Alles, was wir Menschen erstreben, hängt mit dem Frieden zusammen. Diese Erkenntnis ist viel erfolgversprechender, als sich als Sieger im Kalten Krieg gegen die Sowjetunion aufzuspielen.

2. Hass wird nur durch Liebe überwunden
Im Zweiten Weltkrieg hatte nahezu jede Familie in der Sowjetunion Menschenleben zu beklagen – dass das russische Volk uns Deutschen nach 1945 verziehen hat und die Hand zur Versöhnung reichte, ist eines der größten Wunder in der Menschheitsgeschichte. Aus diesem Wunder muss jetzt eine Friedens-Dividende erarbeitet werden. Dafür ist es hohe Zeit. Unsere eu-

ropäisch-christliche Kultur gründet in der Liebe zum Leben und nicht in Hass und Gewalt.

Wir alle müssen lernen, was schon Buddha gesagt hat, und wofür Jesus ans Kreuz ging, damit wir es lernen: »Hass wird nie durch Hass beendet, sondern allein durch Liebe. Das ist ein ewiges Gesetz.« Liebe steht hier ganz einfach für Gerechtigkeit. Einer der bedeutendsten Naturforscher und Ärzte der frühen Neuzeit, Paracelsus, sagt zu diesem zentralen Lebensthema: »Das höchste Heilmittel ist die Liebe.« Das ist geballte Lebensintelligenz. Der wunderbare junge Mann aus Nazareth träumte von einer gerechteren Welt, aber es verbreiteten sich die real existierenden Kirchen. Der Nazarener stellte die Gretchenfrage: »Gott oder Geld?« Entweder oder? Was ist euch wichtiger? Beides zusammen geht nicht. Er hat die Grundsatzfrage aller Gerechtigkeitsfragen radikal auf den Punkt gebracht: Ihr müsst euch entscheiden: Was ist wirklich wichtig im Leben? »Ihr könnt nicht Gott dienen und dem Mammon.« (Matthäus 6,24) Was zählt letztlich? Bei Jesus gehören Gott, Geld und Gewissen zusammen.

Wer das Gespenst des Nationalismus wirklich verbannen will, muss an einem gerechteren (man könnte auch sagen: an einem liebevolleren) Europa arbeiten. Wir müssen unten handeln, wenn wir nicht von oben behandelt werden wollen. Eine gerechtere Welt erfordert von uns allen mehr Aktion und weniger Reaktion. Eine starke Bürgergesellschaft – Vereine, Umweltgruppen, Genossenschaften, Frauengruppen, soziale Verbände – ist die beste Verteidigung gegen individualistischen und nationalistischen Provinzialismus.

Nach der bedingungslosen Kapitulation von Nazi-Deutschland 1945 forderte der große Europäer Winston Churchill die bedingungslose Versöhnung der einstigen Kriegsgegner. Er war einer der ersten, der schon im September 1946 in seiner berühmten Züricher Rede den Traum eines »Vereinten Europas« träumte. Europa hielt damals den Atem an. Churchills Vision: Aus Feinden können Freunde werden, aus Kriegsgegnern Kriegsüberwinder, wenn sie ihre alten Nationalismen hinter sich lassen und sich als Schwestern und Brüder oder als Kinder Gottes verstehen. Und tatsächlich geschah das europäische Wunder der Aussöhnung.

Man kann auch heute aus der Geschichte lernen. Die EU ist und bleibt das große Friedensprojekt der Geschichte und Vorbild für andere Regionen auf unserem Planeten. Europa ist nicht das Problem, »Europa ist die Lösung«, sagt Frank-Walter Steinmeier den Neo-Nationalisten. Und er hat recht: Europa, das sind für mich, der ich im Vorkriegsjahr 1938 geboren bin, unglaubliche 72 Jahre Frieden. Welch ein Geschenk! Die Generation meiner Eltern hat dieses zerstörte Europa wieder aufgebaut. Das dürfen wir doch nicht aufs Spiel setzen. Das vereinte Europa – eine fantastische Geschichte, fast eine biblische Geschichte. Dafür tragen wir heute Verantwortung.

Doch heute, über 70 Jahre später, ist Europa wieder in der Krise, weil der Neo-Nationalismus fast überall eine Renaissance erlebt. Doch Krise ist nicht Schicksal – Krise ist immer auch eine Chance. Darum geht es in diesem Buch.

3. Aufklärung! Aufklärung! Aufklärung!

Europa braucht überzeugte und überzeugende Europäer. Nur dann werden wir aus den beiden Ur-Katastrophen des letzten Jahrhunderts, aus den beiden Weltkriegen mit über 70 Millionen Toten, nachhaltig die richtigen Lehren ziehen.

Aber schon wieder triumphieren in Europa, auch in den USA, die alten Nationalisten. Mit »America first« ist ein frauenfeindlicher, ausländerfeindlicher, ökofeindlicher und asozialer, letztlich ein neofaschistischer Mann, Präsident geworden. Verschwörungstheorien wie »Die globale Erwärmung ist eine chinesische Erfindung, um der amerikanischen Wirtschaft zu schaden« haben ihm dabei geholfen. Ein Teil seiner verunsicherten Anhänger glaubt auch, dass Barack Obama ein kenianischer Muslim ist und dessen Frau früher ein Mann war. Für diese Verschwörungstheoretiker, für die ihr Bauchgefühl und ihre Wut wichtiger sind als Fakten, ist die Erde noch immer eine Scheibe. Sie leben im postfaktischen Zeitalter. Wer nichts weiß, muss fast alles glauben.

Das Gegenrezept kann allein heißen: Aufklärung, Aufklärung, Aufklärung! Also: Klug, kritisch, klar. Und Lügen müssen schonungslos Lügen benannt werden. Eine Lüge ist eine Lüge, ist eine Lüge. So haben die Kollegen der New York Times dokumentiert, dass Trump allein in einer Wahlkampf-Woche »37 dicke Lügen« verbreitet hat. Oder die Fakten-Checker der US-Zeitung »Politico« konnten dem Wahlkämpfer Trump 87 Falschaussagen nachweisen. Trumps geistlose Angriffe auf die Vernunft werden keinen Bestand haben. Im Gegenteil: Sie werden die Gegenkräfte der Aufklärung mobilisieren. Volker Lilienthal, Professor für Qualitätsjournalismus in Hamburg, definiert das Projekt Aufklärung als Festhalten »am Prinzip Zivilität«.

Trump wurde letztlich aber nicht wegen seiner Lügen, sondern trotz seiner Lügen gewählt. Seine überwiegend weißen Wähler waren nach acht Jahren mit einem smarten, hochgebildeten farbigen Präsidenten narzisstisch verwundet und verunsichert. Alte Gewissheiten waren verschwunden.

Und diese narzisstische Wunde ist »wie ein Messer, das dir in dein Selbstwertgefühl gerammt wird«, analysiert die populäre US-Schriftstellerin Siri Hustvedt. Weiße Männer fühlten sich durch den Erfolg Obamas geradezu entmännlicht und ein Großteil ihrer Frauen haben sich mit dieser Entmännlichung identifiziert.

Warum aber wählten auch viele weiße Wählerinnen den Sexisten Trump, warum viele Latinos den Rassisten Trump und warum noch mehr Männer aus der verarmten weißen Mittelschicht den Milliardär Trump? Ist eine ähnliche Entwicklung auch in Deutschland möglich?

Der »amerikanische Traum« besteht darin, dass die Leute mehr Eigenverantwortung und weniger Staat wollen. Das ist in den europäischen Demokratien genau umgekehrt. Der europäische Traum heißt: Mehr soziale Marktwirtschaft – so wie in Deutschland etwa zwischen 1950 und 1980. Beiden Krisen aber liegt eine Vertiefung der sozialen Ungleichheit zugrunde. Deshalb in Deutschland der Aufstieg der AfD, in Frankreich der starke Front National, in Italien die Fünf-Sterne-Bewegung und in England die Brexit-Entscheidung. In Deutschland sind die realen

Löhne des unteren Drittels und der Mittelschicht seit dem Jahr 2000 geschrumpft. Die Mehrheit der Menschen empfindet diese Entwicklung als ungerecht. Bessere Bildungschancen, mehr ökologische Innovationen, attraktive KITA-Plätze und ein Ausbau der Infrastruktur sind die richtigen Antworten für eine heute glaubwürdige öko-soziale Marktwirtschaft.

4. Ein tieferes politisches Bewusstsein

Helfen, aus diesem derzeitigen Teufelskreis herauszufinden, kann nur ein tieferes politisches Bewusstsein für mehr Gerechtigkeit und für mehr Liebe. Eine gerechtere Politik macht weniger anfällig für die Rattenfänger von rechts. In einer Demokratie hat jeder und jede das Recht auf eigene Meinung, aber nicht auf eigene Fakten. Lüge bleibt Lüge – auch in Wahlkämpfen.

Soziale Ungerechtigkeit, die ökologische Zerstörung und seelische Unterentwicklung sind die Grundprobleme unserer Zeit. Der soziale Abgrund zwischen arm und reich ist heute tiefer und breiter als in der Nachkriegszeit. Der Ökonom Thomas Piketty hat in seinem herausragenden Buch »Das Kapital im 21. Jahrhundert« aufgezeigt, dass und wie sich die Strukturen von Kapital und Arbeit in den letzten 200 Jahren zugunsten des Kapitals verändert haben. Der sogenannte Neoliberalismus ist nur der Höhepunkt dieser unseligen Entwicklung. Ergebnis: Eine wachsende Ungleichheit in unserer Gesellschaft als Folge politischer Entscheidungen.

Das private Geldvermögen der Superreichen stieg in den letzten sieben Jahren doppelt so schnell wie die Wirtschaftsleistung – stellt der »World Wealth Report« fest. Die Welt wird reicher. Das ist jedoch kein Grund zum Jubeln, denn damit steigt die globale Ungerechtigkeit. Denn inzwischen besitzt das reichste ein Prozent der Weltbevölkerung mehr als der »Rest« der Welt. Dieser real existierende Wirtschaftsfeudalismus ist eine zentrale Ursache für die Wut gegenüber den »Etablierten«. Mit dem Gier-Kapitalismus wächst die Parteien- und Politikverdrossenheit und ist die Demokratie gefährdet. Gerechtigkeit ist der wichtigste Kitt für eine solidarische und friedliche Gesellschaft. Das gilt auch für die Weltgemeinschaft.

In unserer Marktwirtschaft wird heute mit gezinkten Karten gespielt. Viele Ökonomen berufen sich auf Ludwig Erhards »Wohlstand für alle«, aber bewirken exakt das Gegenteil. In den ersten 30 Jahren der Bundesrepublik gab es wirklich eine soziale Marktwirtschaft in Deutschland, in den letzten 30 Jahren aber schwindet dieses Erfolgsmodell. Die Ungleichheit bei Einkommen, Vermögen und Bildungschancen wird immer größer. Herkunft und Erbe sind weit wichtiger als wirkliche Leistung.

Wer ist in Deutschland arm und wer reich? Die beste Voraussetzung für Reichtum ist, reich geboren zu werden und die beste Voraussetzung für Armut, arm geboren zu werden. Aber ist das auch gerecht? Wie fair ist das? Lohnt sich so noch Leistung? Die Gerechtigkeitsfrage steht in den nächsten Jahren im Mittelpunkt der politischen Auseinandersetzungen. Überall auf der Welt. Damit Eigentum verpflichtet und keine Existenzen vernichtet, besagt der Artikel 14, Absatz 2 des Grundgesetzes unmissverständlich: »Eigentum verpflichtet. Sein Gebrauch soll zugleich dem Wohle der Allgemeinheit dienen.«

Deshalb fragen wir in dieser »Grundsatzerklärung«: Wie können wir eine Wirtschaft organisieren, in der kein Kind mehr verhungern muss, eine Wirtschaft also, die »nicht tötet« (Papst Franziskus), und eine Wirtschaft, die nicht unsere Lebensgrundlagen zerstört, sondern die *alle* bereichert? Wie ist Zukunft für *alle* möglich? Mit dem Titel »Gerechtigkeit« meinen wir eine gute Zukunft für alle. Globale Gerechtigkeit ist die Voraussetzung für globalen Wohlstand und für globalen Frieden. Wer heute noch glaubt, dass wir auch morgen »business as usual« betreiben können, ist entweder sehr naiv oder ein herkömmlicher Wirtschaftswissenschaftler. Die neoliberale Ökonomie wird getrieben von Gier, Geiz und Geld, von einer Mischung aus Cleverness, Dummheit und Kurzsichtigkeit.

Soziale Kälte verrät ebenso wie ökologische Kurzsichtigkeit immer auch einen Mangel an spirituellen Werten. Im Gegensatz zu ostasiatischem Denken fehlte im »christlichen Abendland« schon immer das Denken in Interdependenz, in Lebenszusammenhängen. »Der Mensch im Mittelpunkt« galt noch bis vor kurzem als großer Fortschritt. Doch die fortschreitende Zerstörung der Bio-Diversität lehrt uns, dass dieses scheinbar fortschrittliche Denken nicht die Lösung, sondern Teil des Problems ist. Es ist uns noch immer viel zu wenig bewusst, dass wir alle auf den Schultern unserer älteren Geschwister im Tier- und Pflanzenreich stehen. Wir lernen jetzt mühsam: Ohne Tiere und ohne Pflanzen keine Menschen. Die Natur meint immer Vielfalt, niemals Einfalt. Eine künftige ökologische Ethik umfasst ausnahmslos alle Arten – auch die Tierart Mensch.

5. Der Mensch als Raubtier

In seiner Enzyklika »Laudato si'« hat Papst Franziskus mindestens 15-mal auf die Interdependenz des menschlichen, tierischen und pflanzlichen Lebens aufmerksam gemacht. Sein Vorbild und Namensvetter, der heilige Franziskus von Assisi, hat schon 800 Jahre zuvor durch sein ganzes Leben auf die geschwisterliche Interdependenz von Mensch, Tier und Pflanze hingewiesen und diese Interdependenz sogar kosmisch erweitert, wenn er in seinem Sonnengesang von »Schwester Sonne«, »Bruder Mond«, Schwester Wasser«, »Bruder Wind« und von »Mutter Erde« spricht. Franziskus in »Laudato si'«: »Die gegenseitige Abhängigkeit der Geschöpfe ist gottgewollt. Die Sonne und der Mond, die Zeder und die Feldblume, der Adler und der Sperling – all die unzähligen Verschiedenheiten und Ungleichheiten besagen, dass kein Geschöpf sich selbst genügt, dass die Geschöpfe nur in Abhängigkeit voneinander existieren, um sich im Dienst aneinander gegenseitig zu ergänzen.« Der Papst schließt seine Überlegungen so: »Die Interdependenz verpflichtet uns, an eine einzige Welt, an einen gemeinsamen Plan zu glauben.« Menschliches Leben ist nicht denkbar ohne die Interdependenz alles Lebendigen. Je mehr Menschen sich dazu verpflichtet fühlen, desto mehr Menschen werden selbst die Baumeister der Wahrheit und der Liebe und tragen so zum Weltfrieden bei. Frieden um uns kann es erst geben, wenn es mehr Frieden in uns gibt.

Frieden ist Energie. Diese entspringt unserem Geist. Der Geist, unser Bewusstsein, unser bewusstes Sein, verleiht dem Frieden Kraft.

Noch vor 800 Jahren glaubte der Theologe Thomas von Aquin, dass Tiere keine Seele haben. Heute sagen auch Kirchen immerhin: »Massentierhaltung ist Sünde.« In Deutschland ist »artgerechte« Tierhaltung zwar gesetzlich vorgeschrieben, aber Millionen Tiere werden geboren, gefoltert und getötet aus »ökonomischen Sachzwängen«. Die meisten Hühner und Schweine kennen nur diese Bewegungsformen: aufstehen, fressen, hinlegen, sterben. Die Tiere leiden stumm und wir Menschen bleiben stumm. 2016 schreibt der Bestsellerautor Peter Wohlleben über das Gefühlsleben der Tiere: »Fürsorglich wie ein Eichhörnchen, treu wie ein Kolkrabe, mitfühlend wie eine Waldmaus, traurig wie eine Hirschkuh.« Erst allmählich lernen wir, dass Tiere ein ähnlich differenziertes Gefühlsleben haben wie wir Menschen und dass alles, was wir Tieren antun, wir auch uns selbst antun. Auch Tiere kennen Trauer, Liebe und Mitgefühl. Vielleicht werden wir eines Tages niederknien und die Tiere um Verzeihung bitten.

Die Hälfte aller Großwildtiere haben wir in den letzten 50 Jahren bereits ausgerottet. Im September 2016 lese ich in der »Zeit« als Bilanz für das Jahr 2015 diese Überschrift: »9 Menschen von Haien getötet – 100 Millionen Haie von Menschen getötet«. Wer ist hier das Raubtier?

Das Verstehen der Interdependenz von Mensch, Tier und Pflanze ist vielleicht die Voraussetzung für die Rettung allen Lebens. Das würde mehr Respekt im Umgang mit unserer Mitwelt zur Folge haben, mit Tieren und mit Pflanzen. In den indischen Upanischaden gibt es diesen Vers: »Gott schläft in Steinen, atmet in Pflanzen, träumt in Tieren und will in uns Menschen erwachen.« Eine solch tiefe Erkenntnis erwärmt das Herz und macht die Seele glücklich.

Es gibt freilich auch die andere Seite der Medaille: Seit der Aufklärung denken die Menschen nicht mehr nur an ihr Wohl im Jenseits, sondern auch im Diesseits: Wissenschaft plus industrielle Revolution heißt die Glücksformel. Vor 40 Jahren gab es noch zwei Milliarden bettelarme Menschen, heute sind es weniger als halb so viel – trotz Bevölkerungswachstum.

Armut und Ungerechtigkeit sind kein unabwendbares Schicksal. Menschen sind lernfähig. Wir können Fortschritte und mehr Gerechtigkeit organisieren. Die »Global Goals«, welche die UNO 2015 beschlossen hat, fordern als erstes, dass die gröbste Armut bis 2030 weltweit überwunden sein wird und kein Kind mehr verhungern muss. Die bisherigen Fortschritte beweisen, dass dieses wichtige Ziel erreichbar ist. 1820 lebten 90 Prozent der Weltbevölkerung in absoluter Armut, 1970 waren es noch 60 Prozent und 2011 noch 14 Prozent. Die Weltbank definiert »absolute Armut« bei einem Einkommen von weniger als 1.90 Dollar am Tag. Da immer mehr Menschen auf unserem Planeten leben, sagen die Prozentzahlen allein nicht allzu viel über die empfundene Armut aus. Die absoluten Zahlen der Ärmsten blieben in den letzten 200 Jahren nahezu gleich. Wer arm ist, dem ist es egal, wie groß sein Anteil an der Menschheit ist. Hält aber der Trend, den wir seit 1970 beobachten, an, dann kann die absolute Armut, so wie sie die Weltbank versteht, tatsächlich schon bis 2030 beseitigt sein: 1970 waren noch 2,2 Milliarden Menschen absolut arm, 2011 waren es »nur« noch 990 Millionen. 2015 noch 890 Millionen. Null Armut ist ebenso erreichbar wie null Treibhausgase und null Arbeitslosigkeit.

Das ethische Prinzip einer universellen Verantwortung gebietet uns, jenseits von Profit und jenseits der eigenen Religion und Weltanschauung an das Wohlergehen der heute noch Armen und ebenso an das Wohlergehen der künftigen Generationen zu denken und entsprechend zu handeln.

6. Dritter Weltkrieg gegen die Natur

Fehlende Chancengleichheit, geringe Verteilungsgerechtigkeit und ökologischer Raubbau schwächen die ökonomische Leistungsfähigkeit einer Gesellschaft und gefährden ihren Wohlstand – schon mittelfristig und erst recht langfristig. Von den wichtigsten natürlichen Ressourcen wie gute Luft, gesunde Böden, frisches Wasser, köstliche Nahrung und konventionelle Energien haben wir immer weniger, aber Abfallprodukte wie Abwässer und Abfälle, Abluft und Abwärme produzieren wir immer mehr. Diese Katastrophe nennen wir dann auch noch Wohlstand.

Mit diesem Selbstbetrug führen wir aber einen Dritten Weltkrieg gegen die Natur und damit gegen uns selbst, denn wir sind ein Teil der Natur. Die Frage aller Fragen heißt also: Wie schaffen wir Frieden mit der Natur und damit mit uns selbst? Wie sieht der künftige große Friedensvertrag aus? Wie schaffen wir es, uns zusammen mit Tieren, Pflanzen, Luft, Wasser, Böden und allen erneuerbaren Ressourcen in Kreisläufe einzugliedern, die solange funktionieren wie die Sonne scheint und der Regen fällt?

Heute verbrennen wir an *einem* Tag weltweit so viel Kohle, Gas und Öl wie die Natur an einer *Million* Tagen angesammelt hat. Jeden Tag
- rotten wir 150 Tier- und Pflanzenarten aus,
- jeden Tag vergrößern wir die Wüsten unseres Planeten um 50.000 Hektar,

- jeden Tag verlieren wir 86 Millionen Tonnen fruchtbaren Boden,
- jeden Tag blasen wir 150 Millionen Tonnen Treibhausgase in die Atmosphäre und
- jeden Tag verhungern auf unserer gemeinsamen Erde 26.000 Menschen.

Das gilt für den Tag, an dem Sie dieses Buch lesen, es gilt für morgen, nächste Woche, nächsten Monat und für das nächste Jahr. Aber mit Sicherheit nicht für alle Zeit. Mit waghalsiger Hemmungslosigkeit zerstören wir unsere Lebensgrundlagen in der Relation eins zu einer Million.

1. Das Öko-Gebet des Dalai Lama

Homo sapiens oder Homo Dummkopf? Keine Tierart ist so dumm wie das Tier Mensch, das seine eigenen Lebensgrundlagen zerstört. Wir wissen längst, was wir tun, aber wir tun nicht, was wir wissen. Gegenüber der Natur benehmen wir uns wie trotzige Kinder oder wie halbstarke, pubertierende Jugendliche, die sich weigern erwachsen werden zu wollen. Unsere Gesellschaft ist durch Infantilisierung geprägt. Geld, Spaß und Entertainment sind wichtiger als seelische Reifeprozesse. Wir sind eine »kindliche Gesellschaft«, analysierte schon vor zwanzig Jahren der Lyriker Robert Bly. Wie aber werden wir Erwachsene?

Der renommierte Klimaforscher Hans Joachim Schellnhuber, Direktor des Potsdam Instituts für Klimafolgenforschung, nennt das, was wir heute energetisch treiben, »Selbstverbrennung« und schreibt in seinem gleichnamigen Buch: »... das Raumschiff Erde steuert dann geradewegs ins Feuer hinein.« Und Michail Gorbatschow weiß: »Wenn wir die Umweltprobleme nicht lösen, können wir alle anderen Probleme vergessen.« Während ich diese Zeilen formuliere, urteilt das Bundesverfassungsgericht, dass der deutsche Atomausstieg nach der Fukushima-Katastrophe 2011 recht und billig war, denn Atomkraftwerke »gefährden Leben und Gesundheit von Millionen Menschen«. Irgendwann wird ein Gericht ein solches Urteil auch über die fossile Energiegewinnung fällen müssen, wenn wir überleben wollen.

Wer den von Menschen verursachten und von

tausenden Wissenschaftlern längst bewiesenen globalen Temperaturanstieg noch immer bestreitet oder verdrängt, muss intellektuell schon sehr feige und faul und vor allem blind sein oder so abhängig vom »Big Oil« oder vom »Big Money« wie Mr. Trump in den USA. Die großen Jungs der alten Energiewirtschaft heizen mit ihren Pyromanen-Spielzeugen den Planeten auf, sie verpesten die Luft, die wir zum Atmen brauchen, und zerstören die Lebens- und Wirtschaftsgrundlagen jeder Industriegesellschaft. Wirksame Umweltpolitik ist Machtpolitik. Es ist hohe Zeit, dass sich Umweltpolitiker in Außen-, Verkehrs-, Landwirtschafts- und Steuerpolitik einmischen.

Frieden, Stabilität, Gerechtigkeit, Gesundheit und Wohlstand kann es nur geben, wenn wir das Klima schützen durch 100 Prozent saubere Energie. Frieden unter den Menschen setzt Frieden mit der Natur und mit allen ihren Lebensformen voraus. Der Dalai Lama erzählt oft, dass zu seiner Jugendzeit Tibet ein Land voller Wälder war. Aber heute seien dort »die Berge so kahl wie die Köpfe der Mönche«. Schon vor 30 Jahren haben meine Frau und ich in Tibet den brutalen Kahlschlag der Wälder für einen Fernsehfilm dokumentiert. Nur wenige Jahre danach hat die Natur reagiert. Entlang des Jangtse waren beinahe 200 Millionen Chinesen vom Hochwasser betroffen. Es gab Tausende Tote und Millionen Geschädigte. Nachdem China in Tibet bereits über 85 Prozent aller Wälder abgeholzt hatte und daraufhin immer mehr Hochwasser aus den Flüssen des Himalaya erntete, führte die Regierung in Peking dann gegen den illegalen Waldkahlschlag die Todesstrafe ein. Auch hier gilt das geistige Gesetz, wonach wir immer ernten, was wir säen. **45**

Die Praxis der Gewaltlosigkeit gilt im Buddhismus nicht nur gegenüber Menschen, sondern gegenüber allen fühlenden Lebewesen. Alles Belebte verfügt über Bewusstsein. Und wo es Bewusstsein gibt, gibt es Empfindungen wie Lust, Schmerz, Trauer, Freude, Leid und Glück. Kein fühlendes Wesen möchte leiden. Der Sinn allen Hierseins ist Glück – Glück für uns und Glück für andere. Glück aber kann es nur geben, wenn wir in Harmonie mit der Natur leben.

Um möglichst viele Menschen zu Umweltsensibilität zu ermuntern, hat der Dalai Lama schon 1993 diese Verse geschrieben:

»O du, der du die Welt das Mitgefühl lehrst,
Verleihe uns allen deine wohlwollende Liebe! ...
Wir bitten dich, unseren Geist zur Reifung zu bringen und ihn Früchte tragen zu lassen.
Damit wir die Wirklichkeit ohne Illusion betrachten können.
Die hartnäckige Ichbezogenheit, die unseren Geist durchdringt
Seit unendlichen, anfangslosen Zeiten,
Ist geschaffen aus dem gemeinsamen Karma aller fühlenden Wesen,
Sie vergiftet und verschmutzt die Umwelt. ...
Ihr Geist ist benebelt von Faulheit, Dumpfheit und Unwissen. Die Freuden von Körper und Geist sind gewichen ins Unerreichbare.
Wir beschmutzen unnötigerweise
Die schöne Brust unserer Mutter Erde,
Wir entreißen ihr die Bäume und können doch unsere Habgier nicht stillen,
Sodass der fruchtbare Boden sich in eine sterile Wüste verwandelt.

Die gegenseitige Abhängigkeit zwischen der Umwelt
Und der Innenwelt der Menschen,
Wie sie in den Tantras beschrieben steht,
Oder in den Werken ihrer Astronomie und Medizin,
Wurde in jüngsten wissenschaftlichen Experimenten
bestätigt. ...
Nichts ist dem Lebenden teurer als das Leben. ...
Diese Traditionen zeugen von einem edlen Geiste,
denn sie schützen und schätzen
Auch das Leben der allerniedrigsten, wehrlosen Ge-
schöpfe. ...
Im Bewusstsein der gegenseitigen Abhängigkeit aller
Geschöpfe,
Seien sie belebt oder unbelebt,
Müssen wir uns unablässig bemühen,
Die Energie der Natur zu bewahren und zu schützen. ...
Mögen die Freude des Waldes und das Glück der Natur
Sich ständig entfalten und alles umfassen, was existiert.«
»Wenn ich in Europa zur Wahl gehen dürfte, würde ich
für eine Partei stimmen, welche die Umwelt schützt,
ich wäre ein Grüner«, sagte mir der Dalai Lama einmal. Und Papst Franziskus meint, dass wir jetzt lernen
müssen, von einer »Zivilisation des Raubbaus« auf eine
»Zivilisation der Nachhaltigkeit« umzusteigen. Die
vorherrschende Gesinnung des »ewigen Wachstums«,
des »Niemals genug« soll einer Gesinnung der Genüg-
samkeit und der Reife weichen. Franziskus: »Niemals
haben wir unser gemeinsames Haus so schlecht behandelt und verletzt wie in den letzten 200 Jahren.«

Wer in einer sozialen Gemeinschaft lebt, darf erwarten, dass es dort fair, ökologisch und gerecht zugeht.   **47**

Gerechtigkeit heißt, dass jeder Mensch zu seinem Recht kommen soll. Biologen haben festgestellt, dass dieses Grundgesetz der Gerechtigkeit und Fairness auch unter vielen Tierarten gilt, zum Beispiel unter Pferden, Affen und Hunden. Hundebesitzer wissen, dass ihr Tierfreund den berühmten »Hundeblick« aufsetzt, wenn er merkt, dass er sich unfair benommen hat oder unfair behandelt wird. Wir Menschen bekommen bei ungerechtem Benehmen ein schlechtes Gewissen oder zumindest ein mulmiges Gefühl beim Zähneputzen, wenn wir in den Abendnachrichten wieder einmal als Ergebnis der ungerechten Weltpolitik riesige Flüchtlingsströme oder gar im Mittelmeer ertrinkende Flüchtlinge gesehen haben.

Die Fragen aller Systemfragen heißen heute: Ist Geld wichtiger als der Mensch? Ist Geld wichtiger als das Leben? Welche Werte gelten wirklich?

Banken haben wir gerettet, aber Flüchtlinge wollen wir ertrinken lassen? Und wenn in Griechenland 60 Prozent aller Jugendlichen arbeitslos sind, ist kein Geld da?

Wo ist die ethische Marktwirtschaft geblieben?

Wir leben in einer »erbarmungslosen Geldgesellschaft« (Norbert Blüm). Doch das ist kein himmlisches Fatum, das ist ein menschengemachtes Faktum wie die Klimaerwärmung. Klar ist, dass Probleme, die von Menschen gemacht sind, auch von Menschen gelöst werden können. Über 99 Prozent der Geldströme, die heute den Erdball umkreisen, haben nichts mit Gütern oder Dienstleistungen zu tun, sondern ohne jeden ökonomischen Sinn und Verstand ausschließlich mit Finanzfiktionen. Arbeit wird hochbesteuert, aber Apple, die reichste Firma der Welt, zahlt in Irland 0,005 Prozent Steuern.

Wenn Geld mehr Geld bringt als Arbeit, dann sind wir meilenweit von einer gerechten Gesellschaft entfernt, denn dann werden die Reichen tatsächlich immer reicher und die Armen immer ärmer.

Fortgesetzte Ungerechtigkeit führt bei allen zu Ärger und Stress, provoziert Gewalt, Aggression und Krieg. Das zeigt die gesamte Menschheitsgeschichte. Selbst unter Tieren, die auch nur Menschen sind, sind Egoisten nicht beliebt und provozieren Aggressionen. Wenn in Wachstumsgesellschaften das Wirtschaftswachstum wie in allen Industriestaaten, aber auch in China, Indien oder Brasilien weniger wächst, entstehen durch Globalisierung und Technisierung Frust, Angst und Verunsicherung. Als erster Schritt könnte Entschleunigung schon helfen. Auf Warnschildern steht oft: Wenn es brennt, Ruhe bewahren!

Die Hauptfrage dieses Buches über eine gerechtere Welt heißt: Wie muss unsere Welt aussehen, in der *alle* 7,5 Milliarden Menschen von heute und erst recht die wohl neun bis zehn Milliarden von morgen ein auskömmliches Leben in einer modernen, demokratischen Staatlichkeit leben können? Wie gerecht gegenüber künftigen Generationen ist unser heutiger atomar-fossiler Energieverbrauch? Wir verbrennen damit die Zukunft unserer Kinder und Enkel.

Am 3. September 2016 ratifizierten immerhin die größten Umweltsünder, die USA und China, das Hoffnung spendende Pariser Klimaschutzabkommen. Ein Lichtblick in ansonsten dunkler Zeit, denn beide zusammen emittieren etwa 40 Prozent aller globalen Treibhausgase. Bisher waren die USA und China 25 Jahre lang die großen Bremser bei jeder Weltklimakonferenz. Doch in den letzten Jahren wurden die

Chinesen und die US-Amerikaner Vorreiter bei Investitionen in saubere Energien. Jetzt werden weitere hunderte Milliarden Dollar in erneuerbare Energien gelenkt werden.

Woher der Sinneswandel dieser beiden Regierungen? In China gab es 2014 und 2015 jeweils circa 90.000 lokale Aufstände gegen die alte Politik der schmutzigen Kohleverbrennung. Die Menschen nehmen es auf Dauer einfach nicht hin, dass sie an manchen Tagen nur noch mit einer Mundschutzmaske auf die Straße können und ihre Kinder nicht mehr im Freien spielen dürfen. Peking steckt im Dauerstau. An vielen Tagen stinkt es nach Schwefel und Kohlebrand. Einst weiße Fensterrahmen sind dunkel vom Smog. All das ist inzwischen eine Frage des Machterhalts für die Kommunistische Partei – sie musste reagieren. 2011 scheiterte der Weltklimagipfel in Kopenhagen an der Beschränktheit und Mutlosigkeit der Politiker, 2015 wurden auf dem Weltklimagipfel in Paris Fortschritte erzielt, weil alle 195 Regierungen der Welt Druck von unten spürten. Auch ich musste lernen, dass tiefgreifende Veränderungen einer Gesellschaft nur möglich werden, wenn eine große Anzahl von Menschen von etwas überzeugt ist und sich dafür engagiert.

Ich erlebe diese Bewusstseinsveränderungen bei meinen über 4.000 Vorträgen, die ich über die solare Energiewende, ökologische Verkehrswende, Bauwende, biologische Agrarwende und zur Friedenspolitik von Peking bis Rio, von Tokio bis Havanna, von Südafrika bis Island und in ganz Europa nach der Tschernobyl-Katastrophe gehalten habe. Die Möglichkeit der solaren Weltrevolution, der ersten Weltrevolution überhaupt, ist eine neue positive, Mut machende Erzählung. Von Natur aus gibt es gar kein Energieproblem. Die Lösung steht am Himmel. Alles dreht sich um die Sonne. »Sonne und Erde – das ist die vielleicht grandioseste Zweierbeziehung im ganzen Universum«, meint der Schriftsteller (nicht der Kabarettist) Dieter Hildebrandt.

Aber noch schmelzen weltweit durch die globale Erderwärmung die Gletscher und lassen den Meeresspiegel steigen, was wiederum eine Bedrohung von Milliarden Menschen bedeutet. Die Gletscherschmelze konnte ich in den letzten Jahren studieren und beobachten in Alaska und im Himalaya, am Südpol und am Nordpol, in den Alpen, in Island und in Grönland: der deutlichste und sichtbarste Indikator für die von Menschen verursachte Klimaerwärmung.

Im Sommer 2016 stehen meine Frau Bigi und ich am Exit-Gletscher und am Mendenhall-Gletscher in Alaska. Dort wo noch vor nur 25 Jahren »ewiges Eis« war, wachsen jetzt Bäume und Sträucher. Jahreszahlen im Wald dokumentieren den dramatischen Rückzug des Gletschereises seit etwa 130 Jahren. In Alaska gibt es heute noch 100.000 Gletscher. Doch die »weißen Tempel« schmelzen hier noch schneller als sich in Europa die christlichen Kirchen durch Kirchenaustritte leeren.

Allein im Jahr 2016 sind die Gletscher in der Arktis um die achtfache Fläche Deutschlands geschmolzen. Und dennoch gibt es immer noch Menschen, welche die Klimaerhitzung leugnen. Das Eis in den Herzen dieser Klimaskeptiker ist so dick, dass sie die Erkenntnis der Klimawissenschaft völlig kalt lässt.

2. »Hier tickt eine Zeitbombe«

In Tibet laufen zwei Drittel der etwa 40.000 Gletscher Gefahr, schon bis 2050 zu verschwinden und bis 2100 könnte das gesamte Himalaya-Massiv eisfrei sein. Hier befindet sich nach Nord- und Südpol die drittgrößte Eisreserve unseres Planeten und 40 Prozent allen gespeicherten Trinkwassers unserer Erde – weshalb Tibet auch als »Dritter Pol« bezeichnet wird.

Die Gletscherschmelze im Himalaya bedeutet schon mittelfristig eine heute noch unvorstellbare Wasserkatastrophe für weit über eine Milliarde Menschen entlang der großen Flüsse Asiens, die fast alle im Himalaya-Gebirge entspringen: Ganges, Brahmaputra, Mekong, Jangtse, Indus.

Auf dem Dach der Welt sind in den letzten 50 Jahren die Temperaturen dreimal so schnell gestiegen wie in anderen Regionen. Ich habe den sonst so humorvollen und stets laut lachenden Dalai Lama nie so ernst und bedrückt gesehen, wie wenn er darüber spricht. Sein Gesicht ist dann geradezu erstarrt. Er schweigt lange, sieht mich mit traurigen Augen an und sagt schließlich: »Die Gletscher werden enthauptet. Die Statistiken darüber sind unerbittlich. Zwei Drittel meiner Heimat sind vom Permafrost bedeckt. Wenn der Permafrost auftaut, dann werden wir eine fast unkontrollierbare Erderwärmung bekommen, weil Millionen Tonnen Methan in die Atmosphäre dringen und wir das Zwei-Grad-Ziel nicht mehr erreichen können. Das ökologische Problem meines Schneelandes ist eine Zeitbombe«, formuliert der Papst des Ostens drastisch, aber realistisch.

Und dennoch gibt es eben immer noch Menschen, welche die Klimaerhitzung leugnen. Auch wenn

US-Präsident Trump, die Öl- und Kohle-Lobby sowie die AfD den von Menschen verursachten globalen Temperaturanstieg leugnen: Der Zustand von Arktis und Antarktis oder im Himalaya zeigen, wie real und gefährlich die Klimaerwärmung ist. Diese Katastrophe interessiert sich nicht für das »postfaktische« Geschwafel von Populisten – die Natur weiß es besser. Die Natur hat immer recht und sie wird noch manch weitere Überraschung für uns bereithalten. Die Klimaerwärmung ist die Überlebensfrage der Menschheit. Fakt ist: Wir erleben einen permanent stärkeren Treibhauseffekt. Ab 2013 hatten wir Jahr für Jahr global die wärmsten Jahre seit 1870, seit Beginn der Klimaaufzeichnungen.

Schon der letzte Weltklimabericht warnt, dass die Arktis ab 2040 Meereis-frei sein könnte. Noch sprechen wir vom »ewigen« Eis, obwohl wir wissen, dass diese »Ewigkeit« nicht mehr lange dauern wird. Um den Nordpol herum war es im Herbst 2016 manchmal um bis zu 20 Grad wärmer als gewöhnlich – viel zu mild für die saisonal übliche Eisbildung. Ich habe dort im Sommer Tage erlebt, an denen es wärmer war als in Mitteleuropa.

Eisschmelze heißt Anstieg des Meeresspiegels weltweit. Die Klimawissenschaft weiß: Anstieg des Meeresspiegels um einen Meter beutet: Eine Milliarde Menschen sind betroffen. Anstieg um fünf Meter: Drei Milliarden Menschen haben keinen Boden mehr unter den Füßen. Gerechtigkeit – wo bleibst du?

Es könnte sich bald zeigen, dass die bisherigen Flüchtlingsströme harmlos waren gegenüber den Klimaflüchtlingen, die irgendwann vor den Türen der

Reichen stehen werden. Das ist eigentlich nicht verwunderlich: Denn die Klimaflüchtlinge suchen sich lediglich Wege zu den Verursachern der Klimakatastrophe. Und das sind wir in den reichen Industriestaaten. Schon Jesus und Buddha, Sokrates und Platon lehrten: Ihr könnt nur ernten, was ihr sät. Dieses uralte geistige Gesetz bedeutet: Wer die Klimaerhitzung verursacht, bekommt Klimaflüchtlinge. Ob die AfD-Gläubigen das wahrhaben wollen oder nicht, spielt keine Rolle. Zurzeit sind allein in Afrika etwa 18 Millionen Klima-Flüchtlinge unterwegs: noch in Afrika.

Die letzten beiden Jahre, 2015 und 2016, haben uns endlich deutlich gemacht, wie alles mit allem zusammenhängt: die Klimakrise mit der Flüchtlingskrise, die Energiekrise mit Kriegen um Öl oder mit der Armuts- und Ungerechtigkeitsfrage. Ohne Gerechtigkeit, das lehrte schon Augustinus, wird jede Gesellschaft »zu einer Räuberbande«.

Fest steht, dass die bisherigen politischen, ökonomischen und ökologischen Rezepte für eine gerechtere und damit friedlichere und bessere Welt nicht ausreichen. Die schon lange absehbare Flüchtlingskrise wurde im Herbst 2015 scheinbar plötzlich und überraschend ganz konkret: In nur sieben Monaten kamen mehr als eine Million Flüchtlinge über die deutschen Grenzen. Politiker aller Parteien sind sich bei ihrer Analyse darin einig, dass »die Fluchtursachen bekämpft« werden müssen. Doch die wichtigste Ursache dieser in diesem Ausmaß erstmaligen, aber nicht einmaligen Fluchtbewegung wurde fast nie genannt: Eine fossile Wirtschaft braucht fossile Rohstoffe, vor allem Erdöl. Dieses wird hauptsächlich aus arabischen Ländern in die Industriestaaten importiert. Vor allem deshalb hat US-Präsident George W. Bush im Jahr 2003 den zweiten Irakkrieg der USA begonnen und dieser Krieg um Öl ist ein ganz zentraler Grund für das heutige Chaos im gesamten Nahen Osten und damit für die Massenflucht. Ohne diesen verhängnisvollen Krieg gäbe es heute wahrscheinlich keinen »Islamischen Staat«. In der fossilen Abhängigkeit liegt die Hauptursache von Kriegen und Flucht. Die logischen Folgen: gestürzte Regierungen, weitere Kriege um Öl und in Folge davon: Terrorismus, massenhafte Flucht und die Gefahr von weiteren Millionen Flüchtlingen. Nochmal: Alles hängt mit allem zusammen. In Afrika sind schon heute 18 Millionen Klimaflüchtlinge unterwegs, weltweit sind 2016 über 65 Millionen Menschen auf der Flucht, so die UNO.

Die sogenannte Flüchtlingskrise ist in Wahrheit eine Flüchtlings-Revolution. Sie wird die ganze Welt verändern. Abschotten ist die dümmste aller Reaktionen. Helfen wird sie nicht. Wenn wir die notwendigen Veränderungen zulassen und die Herausforderung innovativ anpacken, werden *alle* davon profitieren.

Nur wer ganzheitlich denkt und handelt, kann Wege zu wirklichen und nachhaltigen Lösungen finden. Nur eine Politik, welche die tiefen Zusammenhänge der ökonomischen, ökologischen und sozialen Probleme sieht, wird fähig sein zu Lösungen für eine gerechtere und friedlichere Welt.

Peter Spiegel und ich wollen in dieser »Grundsatzerklärung« aufzeigen, dass wir nur mit einem ganzheitlichen Konzept zu einer gerechteren Wirtschaftsweise finden, die uns gut durch das 21. Jahrhundert bringen kann. Man lernt Politik eines Landes nicht dadurch kennen, dass man sich die Namen der Poli-

tiker und Parteien oder Regierungs- und Parteipro-
gramme merkt, sondern dadurch, dass man erkennt,
ob eine Regierung ganzheitlich die Beziehungen des
Lebens beachtet und nachhaltige Wirtschafts- und
Finanzpolitik umsetzen kann. Unbestreitbar ist, dass
der heutige Konsumrausch der Wegwerfgesellschaften
zum ökologischen Bankrott führen muss, wenn wir
nicht umsteuern.

Die meisten Ökonomen rechnen immer noch so,
als würde die Natur überhaupt nicht existieren. Wir
haben durch die verheerende Politik des Neoliberalismus aus unserer Erde eine Müllhalde gemacht und
missbrauchen die Atmosphäre als Endlager für unsere
Treibhausgase. Fast alle Regierungen unserer Zeit sind
in ihrem Wachstumsregime gefangen: »Hauptsache
Wachstum« heißt ihr Programm, egal um welchen
Preis an Naturzerstörung. Der Weg in eine bessere Zukunft heißt aber nicht »immer mehr«, sondern »immer
besser und gerechter«. Öko-sozial statt Markt-radikal!
Das neue Leitmotiv steht im deutschen Grundgesetz:
ökosozialer Rechtsstaat. Wir sollten es plakatieren und
praktizieren.

Die alten Energiekonzerne, die alten Autokonzerne, die industrielle Landwirtschaft werden immer
größere Probleme bekommen, wenn sie die Zeichen
der Zeit für eine nachhaltigere Produktion nicht be-
achten lernen. Ihre große Lernaufgabe heißt: Arbeiten und Produzieren mit der Natur und nicht länger
gegen die Natur. Wir werden in einer schwierigen
Übergangsphase erleben, was der österreichische Ökonom Joseph Schumpeter die »schöpferische Zerstörung« genannt hat. Neben ökonomischen Kosten sind
menschliches Leid, Todesfälle und horrende Schäden

die natürliche Folge einer falschen und ungerechten neoliberalen Wirtschaftsordnung. Jedes Jahr sterben schon heute 400.000 Menschen an den Folgen der Klimaerwärmung und 350 Millionen leiden stark unter den Folgen der Klimaerwärmung. Der Übergang in eine nachhaltige Wirtschaft im Einklang mit der Natur ist der beste Weg in eine bessere Zukunft.

IV. WENDEZEIT

1. Alternativen für Deutschland statt AfD

Alternativen: Das heißt konkret und praktisch:

- solare Energiewende,
- ökologische Verkehrswende durch intensiven Ausbau des öffentlichen Verkehrs (durch Autos wurden nach 1945 weltweit über 100 Millionen Menschen getötet, doppelt so viele wie im Zweiten Weltkrieg!),
- biologische Landwirtschaft,
- nachhaltiges Bauen,
- nur so viel verbrauchen wie wieder nachwächst,
- keine Überfischung der Meere,
- weniger Erwerbsarbeit, mehr Eigenarbeit und
- mehr wirklichen Wohlstand,
- gerechtere Löhne und schließlich:
- ein globaler Mindestlohn von einem Dollar pro Stunde in den armen Ländern.

Wenn jedoch wie seit etwa 170 Jahren auch in Zukunft endliche Rohstoffe, die in Jahrmillionen natürlich gewachsen sind, in wenigen Jahrzehnten, also in aberwitzig kurzer Zeit, verbraucht werden, dann ist der Weg in die ganz große Katastrophe vorgezeichnet. Und dieser Weg ist zugleich die größte Ungerechtigkeit gegenüber den zukünftigen Generationen.

So wenig wie es bisher gelungen ist, nachhaltige Lösungen für die Finanzkrise der Jahre nach 2008 zu finden oder wirkliche Lösungen zur Bekämpfung der Klimaerwärmung, so wenig ist es uns bisher gelungen, nachhaltige Lösungen für die Flüchtlingskrise und damit für mehr Gerechtigkeit zu finden. Der zukünftige Name für Frieden heißt Gerechtigkeit. Und damit: Zukunft für alle.

Wir meinen, dass unsere heutige Katastrophen- und Krisenlage tiefere Ursachen hat, als wir sie bisher analysiert haben. »Die Umweltkatastrophen und die Art und Weise, wie wir von ihnen betroffen werden, sind der Widerschein unserer konfliktreichen und destruktiven Denkweisen, die auf einem egoistischen Trachten nach materiellem Wohlstand und Profit beruhen«, sagt der Dalai Lama. Um eine wirkliche Umkehr zu erreichen, werden wir erkennen und anerkennen müssen, dass unser Umwelt-Desaster Ausdruck unseres Innenwelt-Desasters ist. Unsere Krisen haben seelische Ursachen. Aufwachen bitte!

»Die einzige Großmacht, die ich kenne, ist die menschliche Seele«, hat der Schweizer Tiefenpsychologe C. G. Jung gesagt. Heilung kann nur gelingen, wenn wir ein Bewusstsein dafür entwickeln, dass die Erde und alles Leben auf ihr in einer tiefen Einheit verbunden sind. Unser Bewusstsein darf nicht stehenbleiben bei der Erkenntnis, dass der Mensch im Mittelpunkt stehen muss und nicht das Kapital, sondern wir müssen endlich lernen, dass das *Leben* im Mittelpunkt stehen muss.

Etwa 100 Milliarden Menschen und noch weit mehr Tiere und Pflanzen haben vor uns auf diesem Planeten gelebt. Wir müssen jetzt lernen, dass das, was uns eint, weit wichtiger ist als das, was uns trennt. »Leben ist Leben, das leben will inmitten von Leben, das leben will.« Diese Erkenntnis von Albert Schweitzer kann die Basis einer neuen säkularen Ethik sein, der auch Agnostiker und Atheisten zustimmen können, meint der Dalai Lama, wenn er in einem Buch, das wir 2015 zusammen geschrieben haben, zusammenfassend feststellt, dass »Ethik wichtiger ist als Religion«.

Das erste Prinzip einer neuen säkularen Ethik heißt: Alle Lebewesen sind voneinander abhängig. Zweitens: Die Menschheitsfamilie ist eine Einheit, wie das erstmals und eindrucksvoll auf der Pariser Weltklimakonferenz im Dezember 2015 dokumentiert wurde, als *alle* Regierungen unseres Planeten einem Klimaschutzvertrag zustimmten, der diesen Namen auch verdient. Er muss jetzt freilich umgesetzt werden. Erst danach wird sich allerdings zeigen, wie ernst die Zustimmung zum Klimaabkommen tatsächlich gemeint war. Die Pariser Konferenz hat gezeigt, dass das 21. Jahrhundert zum wichtigsten Jahrhundert der Geschichte werden kann, weil wir erstmals Zeugen des Entstehens einer universellen Verantwortung sind. Wir sind noch immer umstellt von alten Denkmustern, wie die Wahl von Donald Trump gezeigt hat, aber zugleich werden wir Zeugen einer neuen Wirklichkeit.

2. Das Solarzeitalter beginnt – die Sonne gewinnt

Es ist die Botschaft des Jahrhunderts: Von Natur aus haben wir kein Energieproblem. Allein die Sonne schickt uns jede Sekunde unseres Hierseins 15.000-mal mehr Energie als zurzeit alle 7,5 Milliarden Menschen verbrauchen. Die Lösung des Energieproblems – wie sie mein Freund und Lehrer Hermann Scheer, der erfolgreichste Solarpolitiker aller Zeiten, entwickelt hat – steht am Himmel. Hinzu kommen:

- die Windkräfte, die theoretisch etwa 308-mal so viel Energie enthalten, wie heute weltweit verbraucht wird, sowie

- die Bioenergie (Global wächst zehnmal mehr Energie wie zur Gewinnung der gesamten Weltenergie nötig wäre.),
- die Wasserkraft, die allein etwa so viel Energie enthält, wie wir am heutigen Tag auf der ganzen Welt verbrauchen,
- die Erdwärme sowie die Wellen- und Strömungsenergie der Ozeane.

Die Welt ist voller Energie.
Erneuerbare Energie heißt:
- keine Kriege um Öl, sondern Frieden durch die Sonne (Die USA haben in den letzten Jahrzehnten am Persischen Golf drei Kriege um ihre Öl-Importe geführt und einen Großteil des heutigen Chaos dort angerichtet.),
- preiswerte Energie für alle in unmittelbarer Nähe vor der eigenen Haustür, auf dem eigenen Dach oder direkt unter uns,
- eine Energieversorgung mit unendlich vorhandenen Energiequellen, während Öl, Kohle, Gas oder auch Uran in den nächsten Jahrzehnten zu Ende gehen (Sonne, Wind und Wasserkraft stehen uns noch Milliarden Jahre zur Verfügung und Bioenergie wächst immer.),
- Energien, die unsere Lebensgrundlagen erhalten, während die alten Energiequellen unsere Lebensgrundlagen zerstören.

In Deutschland und Kalifornien, in Österreich und in Japan, in Indien und China, in Island und Costa Rica, aber auch in Afrika und Südamerika lassen immer mehr Menschen Solaranlagen auf ihre Häuser schrauben und ihre Wohnungen besser dämmen, weil die sich daraus ergebende Energieeinsparung schon mittelfristig billiger ist als die alte Energieverschwendung und weil die Sonne keine Rechnung schickt. Die Mehrheit der Menschen ist nicht plötzlich ökologisch geworden, sie steigen um, weil sie Geld sparen.

3. »Dementia fossilis« und »Dementia atomica« sind heilbar

Die Ökologie wird die preiswertere und intelligentere Ökonomie. Jede Investition in erneuerbare Energien verspricht sowohl ökologisch wie auch ökonomisch Gewinne. Unsere Gebäude werden nicht nur Geld sparen, sondern sogar Geld verdienen, weil viele von ihnen mehr Energie produzieren, als in ihnen verbraucht wird. Der Solararchitekt Rolf Disch in Freiburg baut seit 25 Jahren Solar-Plus-Häuser, die mehr Energie erzeugen als sie verbrauchen. Hermann Scheer kurz vor seinem Tod: »Der unverzügliche Wechsel zu erneuerbaren Energien ist keine Last, sondern die größte greifbare soziale und wirtschaftliche Zukunftschance.«

Mit der Sonne verbinde ich seit Kindertagen Herzenswärme. Jeder Blick zur Sonne lässt eine wohlige Stimmung in mir aufkommen. Diese Sonnenkultur verbindet seit jeher Millionen Menschen auf allen Kontinenten auf beinahe magische Weise. Unsere Internetseite »sonnenseite.com« wird täglich von bis zu 11.000 Menschen besucht. Ich will mit dieser Sonnen-Botschaft unseres Fixsterns Lust auf Zukunft vermitteln und aufzeigen, dass uns die Energiewende zu Gewinnern macht. Und ich will zugleich die wahren Alternativen zu den vielen Untergangsprophezeiungen unserer Zeit vermitteln. Die alten Krankheiten »Dementia fossilis« und »Dementia atomica« sind heilbar.

Die Sonne ist der Motor allen Geschehens auf unserem Planeten. Sie ist über fünf Milliarden Jahre alt und wird uns mindestens noch weitere viereinhalb Milliarden Jahre scheinen. Jedes Jahr schickt sie 350 Millionen Milliarden Kilowattstunden Strahlungsenergie (das sind 350.000.000.000.000.000 kWh). Alle irdischen Energiequellen verdanken wir der Sonne: Das Holz der Wälder und die Pflanzen der Felder, aber auch die Kohle-, Erdöl- und Erdgasvorkommen, in denen Sonnenenergie von Millionen Jahren gespeichert ist. Ebenso sorgt die Sonne für die Kreisläufe des Wassers in den Seen und Flüssen.

Die Sonne ist der Quell allen Lebens. Sie wärmt unseren Planeten, schenkt uns Licht und liefert den Pflanzen die Energie für das Wunder der Photosynthese. Dieser bedeutsamste Vorgang auf der Erde erhält Pflanzen, Tiere und Menschen am Leben. Und selbst während der Nacht reflektieren Mond und Planeten das Licht der Sonne zur Erde. Wenn die Sonne nur drei Wochen nicht schiene, wäre auf unserer Erde alles Leben tot. Der Planet wäre wieder »öd und leer«.

Die Sonnenstrahlen sind und bleiben *das* große Geschenk des Kosmos an uns. Die Sonne war, ist und bleibt die einzige Einnahmequelle unseres Planeten. Alle anderen Ressourcen, die wir heute verbrauchen, sind Verluste. Seit Jahrtausenden leben wir aber vor allem von den Gewinnen über die Sonne. Und trotzdem wird die Sonne noch immer auf tragische Weise unterschätzt – so wie Kohle, Gas, Öl und Atomkraft auf tragische Weise überschätzt und ihre Gefahren ignoriert werden.

Sonne, Wind, Wasserkraft: Wir verbrennen endlich nichts mehr – wir verbrauchen nichts mehr, wir gebrauchen, was die Natur uns kostenlos und nahezu unendlich zur Verfügung stellt. Wir können das Zeitalter der Pyromanen problemlos beenden.

Albert Einstein erhielt eines Tages diesen Brief: »Sehr geehrter Herr Professor, wir sind in der sechsten Klasse. In unserer Klasse gibt es einen Streit. Die Klasse spaltete sich in zwei Parteien. Wir sechs befinden uns auf der einen Seite und 21 auf der anderen ... Thema der Diskussion ist, ob Leben auf der Erde möglich [ist], wenn die Sonne erlöschen würde ... Wir bleiben dabei, das zu glauben ... Sagen Sie uns, was Sie denken. Tausend süße Grüße, sechs kleine Wissenschaftler«. Einsteins Antwort: »Liebe Kinder, die Minorität hat manchmal recht, aber nicht in Eurem Falle: Ohne Sonnenstrahlung kein Weizen, kein Brot, kein Gras, kein Vieh, kein Fleisch, keine Milch, und alles gefroren, kein LEBEN, A. Einstein«.

4. Es gibt keine RWE-Sonne und keinen E.ON-Wind
Vielleicht lernen wir erst durch die intelligente Nutzung der Sonnenenergie, warum wir existieren und wo unser rechtmäßiger Platz im Universum ist. 2012 ist erneut eine US-Raumsonde auf dem Mars gelandet. Sicher eine große technische Leistung. Aber schon lese ich, dass die Besiedlung des Mars eines Tages die Lösung unserer heutigen Probleme bringen könnte. Was sollen solche Wahnsinnspläne im Angesicht von – zum Beispiel – Hungerproblemen auf unserer Erde? Oder im Angesicht des Klimaproblems? Was, um Himmels willen, wollen wir denn auf dem menschenfeindlichen Mars, solange wir nicht einmal in der Lage sind, die

nächstliegenden Probleme hier zu lösen? Die heute
etablierte Wissenschaft gibt Milliarden Euro aus, um
herauszufinden, ob es auf dem Mars einige Tropfen
Wasser gibt, anstatt die Wasserprobleme Afrikas zu
lösen. Mein Verdacht: Solche unreifen extraterrestri-
schen Kolonie-Spielchen sollen eher von den wahren
Problemen der Menschheit ablenken. Sie scheinen
mir der Phantasie von geistig Halbstarken und Grö-
ßenwahnsinnigen zu entspringen. NASA-Ideologen
träumen bereits davon, den unwirtlichen Mars zu be-
grünen, anstatt an realisierbaren Plänen für die Begrü-
nung der Wüsten auf unserer Erde zu arbeiten. Unsere
Zukunft wird nicht vom Mars und nicht von der Venus
abhängen, sondern von einem neuen Verhältnis zur
Sonne. Das Klimaproblem ist die Hauptursache für die
weltweite Armut.

Die Allgemeine Erklärung der Menschenrechte
der UNO beginnt mit den Worten: »Alle Menschen
sind gleich an Würde und Rechten geboren. Sie sind
mit Vernunft und Gewissen begabt ...«. Hier sind die
grundlegendsten humanitären Verpflichtungen formuliert. Aber das herrschende Energiesystem wider-
spricht diesen Verpflichtungen elementar. Milliarden
Menschen können mit nuklearen und fossilen Energien nicht versorgt werden und verharren deshalb im
Elend. Mit dem bisherigen Energiesystem wird die
wirtschaftliche, soziale, ökologische und kulturelle
Entwicklungsvielfalt für die Mehrheit der heute lebenden Menschen grob verletzt. In Zukunft würde das
heutige Energiesystem zur Verelendung der gesamten
Menschheit führen. Die Umstellung auf erneuerbare
Energieträger bedeutet also erstmals und weltweit die
Chance, alle Menschen am Reichtum unseres Plane-

ten partizipieren zu lassen. Die erneuerbaren Energien gehören allen. Es gibt keine RWE-Sonne und keinen E.ON-Wind. Eine solare Weltwirtschaft mit ihrem riesigen Ressourcenreichtum ist die Voraussetzung einer gerechteren, freieren und friedlicheren Welt.

Ich kenne die berechtigten Einwände und die Skepsis gegen monokausale Lösungen und einfache Heilslehren. Sie werden mir oft entgegengehalten. Aber nicht die Thesen dieses Buches sind monokausal, sondern die Funktion der Sonne für das Leben auf diesem Planeten und seine Biosphäre ist einmalig und monokausal. Und dieses Grundgesetz unseres Seins wird oft übersehen. »Die Technik allein wird uns nicht retten«, höre ich oft. Richtig. Die große Chance unserer Rettung ist nicht primär die Technik, sondern das Vertrauen in die Geschenke der Natur wie Sonne, Wind, Wasserkraft, Erdwärme und Bioenergie.

In meiner letzten Fernsehsendung hatte ich den Dalai Lama zu Gast. Ich fragte, was für ihn heute Religion sei. Seine Antwort: »Religiös ist, wer mitarbeitet an der Bewahrung der Schöpfung.« Horst-Eberhard Richter wusste: »Denn nur die ›Vernunft des Herzens‹, von der Pascal sprach, liefert die letzten Maßstäbe für die Humanisierung des Zusammenlebens.« Die Nutzung der Sonnenenergietechnologien ist gar nicht so einfach, sondern eher komplex. Simpel und monokausal ist es allerdings, weiterhin auf Rohstoffe zu vertrauen, die in absehbarer Zeit zu Ende gehen werden und deren negative Auswirkungen wir von Jahr zu Jahr mehr spüren.

Bei wachsender Weltbevölkerung und gleichzeitig abnehmender Verfügbarkeit von Ressourcen wie Energie, Boden und Wasser wird Ressourcen- und Energieeffizienz zum technologischen Leitmotiv unserer Zeit. Ernst Ulrich von Weizsäcker hat in seinen Büchern »Faktor Vier« und »Faktor Fünf« eindrucksvoll und überzeugend darauf aufmerksam gemacht. Wir können mithilfe moderner Technologien durch weniger Ressourcenaufwand einen höheren Lebensstandard erzielen. Nicht der immer höhere Einsatz von Rohstoffen, sondern der effizientere und intelligentere Einsatz wird zu mehr Wohlstand führen.

Dabei geht es nicht nur um eine Stromwende mit Hilfe der Photovoltaik, auf die bisher unsere Aufmerksamkeit gerichtet war, sondern auch um eine Wärmewende mit Hilfe von Sonnenkollektoren und anderen erneuerbaren Energiequellen. Die Gestaltung aktiver Solartechnik und ihre Integration in Gebäude wird jetzt eine Herausforderung für alle Architekten, wenn sie den Gebäudebestand in der Zukunft mit planen wollen. Architekten müssen endlich lernen, wo Süden ist, und mit der Sonne bauen.

Gestalterische Kompetenz für eine zukunftsfähige und ästhetische Solararchitektur ist die Basis für das Bauen von morgen. *Die* Aufgabe von Architekten, Planern und Bauherren und -frauen heißt: Architektur gestalten mit Photovoltaik und Solarthermie. Gebäude werden die Katalysatoren der Energietransformation.

5. Das Speicherproblem ist lösbar

Im Jahr 2016 wurde in Deutschland zum ersten Mal mehr Strom über Windräder erzeugt als durch Atomkraftwerke. In den letzten 25 Jahren konnten Wissenschaftler und Techniker die Effizienz eines Windrads um etwa das Zehnfache steigern. In Deutschland weht häufig Wind, wenn die Sonne nicht scheint, und **67** oft scheint die Sonne, wenn wenig Wind weht. Hinzu kommen auf der ganzen Welt Windräder auf See. Dort weht mehr Wind als an Land.

Um die komplette Energiewende zu organisieren und um die Speicherprobleme zu lösen, müssen wir die gesamte Symphonie der Erneuerbaren nutzen: neben Sonne und Wind auch die Wasserkraft, die Bioenergie, die Erdwärme, die Strömungs- und Wellenenergie der Ozeane und solar erzeugten Wasserstoff als Speichermedium. Bioenergie ist freilich begrenzt, weil wir die meisten Ackerflächen für die Lebensmittelproduktion brauchen, und die Wasserkraft ist von Natur aus limitiert. Aber diese beiden erneuerbaren Energiequellen sind willkommene Speichermöglichkeiten bei Nacht und bei Windstille. Zudem verfügen wir in Europa bereits über Pumpspeicherkraftwerke und über Druckluftspeicher. Und bald über Millionen Elektroautos, die, untereinander vernetzt, ganze Kraftwerke ersetzen werden.

Die große Speicherlösung ist hierzulande der Überschuss aus Sonne und Wind, den wir zu Wasserstoff umwandeln und ins Gasnetz einspeisen können. Das Freiburger Fraunhofer-Institut hat errechnet, dass die heute bereits vorhandenen Gasleitungen in Deutschland ausreichen, um unser Land drei Monate über den Winter zu bringen. Das Speicherproblem ist 2017 noch ein Problem, aber ein lösbares.

Um auch nur die Klimaschutzziele der Bundesregierung zu erreichen, braucht Deutschland jedoch dringend diese Sofortmaßnahmen:

- ein Kohleausstiegsgesetz (Das heißt die Stilllegung aller schmutzigen Kohlekraftwerke bis 2035, aber jetzt müssen wir damit starten.),

- die stufenweise Einführung einer CO_2-Steuer,
- die engagierte Markteinführung von Kurz- und Langzeitspeichern,
- die Elektrifizierung des Verkehrs zu Land, Wasser und in der Luft (in der Luft über wasserstoffbetriebene Flugzeuge),
- kein Einbau mehr von Ölheizungen in Neubauten,
- Anhebung der Dieselsteuer auf das Niveau der Benzinsteuer.

6. Keine Energiewende ohne Verkehrswende

Ist Autofahren heilbar? 1993 habe ich für die ARD die Sendung »Mobil ohne Auto – Neue Wege im 21. Jahrhundert« produziert. Wir zeigten auf, dass ein Liter Benzin 10.000 Liter Luft verpestet und vergiftet und wir forderten den massiven Ausbau des öffentlichen Verkehrs als Alternative zum Auto. Schon damals gab es in den Niederlanden Beispiele von Städten, die öffentlichen Verkehr kostenlos und erfolgreich anboten. Unsere Forderung war keine Utopie, sondern eine realisierbare Vision. Das zeigte im Jahr 2016 die Stadt Paris. Wegen der hohen Luftverschmutzung wird im Dezember der Autoverkehr radikal beschränkt. An einem Tag dürfen nur Autos mit geraden Kennzeichen fahren und am nächsten Tag solche mit ungeraden. Und die Pariser machten mit. Busse und U-Bahnen waren überfüllt. Die Fahrten waren kostenlos. Millionen Autos blieben stehen. Was noch 1993 unvorstellbare Zukunftsmusik schien, war plötzlich Realität. Wegen der Luftverschmutzung ging es gar nicht mehr anders.

Es ist absehbar, dass die Mehrheit der Menschen diesen menschenfeindlichen Zustand auf Dauer nicht hinnehmen wird. Estlands Hauptstadt Tallinn ist die

Pionierin. Seit 2013 ist hier die kostenlose Benutzung aller öffentlichen Verkehrsmittel eingeführt – die Tallinner haben diesem Beschluss der Stadt mit 90 Prozent zugestimmt. Diese Beispiele werden Schule machen – weltweit.

7. Höchste Eisenbahn für die Verkehrswende

Wer sich mit öffentlichen Verkehrsmitteln statt mit einem privaten Auto fortbewegt, produziert etwa ein Viertel an Emissionen. Das zeigt: Eine wirkliche Energiewende kann es ohne Verkehrswende nicht geben. Denn etwa 80 Prozent allen Verkehrs in Deutschland ist Autoverkehr.

Seit 1990 konnten die Emissionen in Deutschland insgesamt um etwa 27 Prozent reduziert werden. Beim Verkehr aber stagnieren sie, musste die Bundesregierung im Dezember 2016 eingestehen. Ein heutiger PKW verbraucht zwar ungefähr 30 Prozent weniger Sprit als noch 1990, aber dafür gibt es mehr und schwerere Autos. Die Heilung heißt: Mehr öffentlicher Verkehr, weniger Autos, und diese bitte elektrisch. Die Rad-Schiene-Mobilität ist generell umweltfreundlicher als die Rad-Straße-Mobilität. Die Vorteile des öffentlichen Verkehrs:

- Mehr Sicherheit: Mit Gründung der Bundesrepublik wurde im Grundgesetz auch die Todesstrafe abgeschafft. Doch seither wird sie auf Deutschlands Straßen mehr praktiziert als je zuvor. Hierzulande wurden seit dem Zweiten Weltkrieg mehr als 600.000 Menschen im Straßenverkehr getötet und über 25 Millionen verletzt – davon sind Hunderttausende ihr ganzes Leben lang behindert und sitzen im Rollstuhl. Und zu diesem Wahnsinn soll es keine Alternativen geben? Doch es gibt sie: Flächen-Bahn statt Auto-Wahn. Beim öffentlichen Verkehr habe ich eine etwa siebzigmal höhere Sicherheit als im PKW.

- Mehr Umweltfreundlichkeit: Was ist eher verantwortbar: mit dem Auto zu fahren und pro 100 Kilometer bis zu zehn Liter und mehr Sprit in die Luft zu blasen oder mit Bahn und Bus und dabei 75 Prozent der Emissionen einzusparen? Eine Studie des Europäischen Gesundheitsamtes hat 2016 festgestellt, dass in der EU jedes Jahr über 460.000 Menschen wegen Luftverschmutzung sterben. Autoverkehr heißt: Weniger Gesundheit für alle, Millionen Tote und Verletzte, Lärm, Luftverschmutzung und riesiger Flächenverbrauch.
- Geringere Kosten: Wie ökonomisch ist Autofahren? Der ADAC schätzt, dass ein Auto-Kilometer etwa 30 bis 50 Cent kostet – je nach Größe und Marke des PKW –, ein Bahnkilometer kostet weniger als die Hälfte. Die meisten deutschen Familien geben heute fürs Auto mehr Geld aus als für Lebensmittel. Hauptsächlich Männer sind Auto-verrückt und leben häufig nach dem Motto: Ich fahre – also bin ich!

Mit dem Ziel, die Schöpfung zu bewahren und die Fülle und Freude des Lebens zu genießen, ist das heutige Benzinauto nicht zu vereinbaren. Es stiehlt uns Zeit und Geld und Gesundheit. Wenn wir demnächst zehn Milliarden Menschen auf unserem Planeten sind und sich alle so fortbewegen, wie wir es heute in den Industriestaaten tun, dann können wir unseren Planeten vergessen. Dieses Buch verfolgt die Intention einer guten

Zukunft für *alle*. Es geht dabei um mehr Lebensqualität für *alle*. Lebensqualität ist ganz wesentlich auch Luftqualität. In Deutschland besitzt nur jeder Zweite ein Auto. Es ist ungerecht, dass aber alle durch die Folgen des Autoverkehrs betroffen sind.

Die real existierende Staugesellschaft auf unseren Straßen kostet die deutsche Volkswirtschaft jedes Jahr etwa 20 Milliarden Euro, hat der ADAC errechnet. Derselbe ADAC, der einst gefordert hatte: »Freie Fahrt für freie Bürger«. In unseren Innenstädten erreicht das Auto noch eine Durchschnittsgeschwindigkeit von gerademal 12 Kilometern in der Stunde. Pferdefuhrwerke brachten es im Mittelalter auf 17 Stundenkilometer. Der Stau ist das Symbol von Rückschritt. Da hocken sie zusammengepfercht in ihren tonnenschweren Panzern, ruinieren die Umwelt und kommen nicht voran: Das Ergebnis der autogerechten Stadt. Längst weiß jeder, dass es so, wie es ist, nicht bleiben kann. Nur Verkehrsminister Dobrindt scheint es nicht zu wissen.

Wer wie er immer mehr Straßen baut, erntet immer mehr Autos. Wer aber Fußgängerwege und Fahrradwege baut, erntet mehr Fußgänger und Radfahrer. Im Dezember 2016 werden in Kopenhagens Straßen erstmals mehr Fahrräder als Autos gezählt. Ein Fahrrad-Paradies mit 265.000 Drahteseln und »nur« noch 252.000 Autos. Der Stadtrat hatte zuvor beschlossen, intensiv den Ausbau der Radwege zu fördern. Fahrräder brauchen weniger Platz, sind schneller und stinken nicht.

Dänemarks Hauptstadt hat sich das Ziel gesetzt, die Autos ganz aus der Innenstadt zu verbannen. Kopenhagen ist nicht nur Vorbild, sondern hatte selbst ein Vorbild: Amsterdam. Die Fahrräder haben dort schon vor 20 Jahren die Autos überholt. Heute sind in der Stadt 800.000 Räder unterwegs und nur noch 263.000 Autos. 22 Prozent des gesamten Verkehrs werden mit dem Auto organisiert, aber 32 Prozent mit dem Fahrrad – in der Innenstadt sogar 48 Prozent. Radfahren hat Zukunft. Auch in Freiburg ist schon heute das Fahrrad das meistbenutzte Verkehrsmittel.

8. Die Zukunft der Arbeit – Die Arbeit der Zukunft

Die Herausforderung der Klimakrise und die Ungerechtigkeiten unserer Zeit bieten zugleich auch Lösungschancen.

2013 lag die Jugendarbeitslosigkeit in Griechenland bei 59,2 Prozent, in Spanien bei 54,3 Prozent, in Kroatien bei 49,2 Prozent, in Italien bei 41,6 Prozent und in Frankreich bei 25,6 Prozent. Es ist Europas Tragödie und Schande, dass wir in Windeseile hunderte Milliarden Euro auftreiben konnten, um Banken, die sich verzockt hatten, zu retten, aber kaum Geld einsetzen, um die massenhafte und ungerechte Jugendarbeitslosigkeit zu bekämpfen. Hier tickt eine politische Zeitbombe für unser demokratisches System und für den Zusammenhalt in der EU. Jugendarbeitslosigkeit kann am besten dadurch überwunden werden, dass junge Menschen die Chance bekommen, sich an nachhaltiger Entwicklung zu beteiligen. Durch millionenfache Nachhaltigkeits-Arbeit kann das Zukunftskonzept einer ökologischen Wirtschaft realisiert werden.

Europa kann seiner Jugend viel bieten: Wir müssen und können – wie auch in den folgenden Kapiteln gezeigt wird – innovativ, energie- und materialsparend bauen. Millionen Arbeitsplätze werden durch eine intelligente Energie- und Verkehrswende sowie in einer

Wasserwende entstehen, die Wassergewinnungs-, Wasserreinigungs- und Wiederverwendungssysteme organisiert. Für die Steigerung der Ressourcen-Effizienz und durch eine breite Anwendung von nachwachsenden Rohstoffen entstehen weitere Millionen Arbeitsplätze, für die sich junge Menschen begeistern können. Für Betreuungs-, Pflege- und Medizin-Dienstleistungen werden viele und gut ausgebildete junge Menschen benötigt. Es ist längst belegt, dass der Schlüssel zur Bekämpfung der Jugendarbeitslosigkeit im Bildungssystem liegt. Der Berliner Zukunftsforscher Rolf Kreibich meint: »Eine selbstbewusste und zukunftsorientierte Jugend ist die beste Garantie, dass in den nächsten Jahrzehnten negative Zukunftsentwicklungen und Katastrophen verhindert und zukunftsträchtige Zukünfte durch nachhaltige Entwicklungen verwirklicht werden können.«

Wenn es durch weiteren technologisch-digitalisierten Fortschritt zu einem Wegfall von vielen Arbeitsplätzen kommen sollte, was heute noch umstritten und eine offene Frage ist, dann werden wir uns intensiv Gedanken über eine faire Verteilung des restlichen Arbeitsvolumens machen müssen. Welche Jobs werden die Digitalisierung und Computerisierung überleben? Der digitale Kapitalismus braucht einen starken Staat, wenn nicht das Recht des Stärkeren herrschen soll. Mensch gegen Maschine ist ein zentrales Zukunftsthema.

Nehmen uns also Computer und Roboter künftig massenhaft die Jobs weg?

Bedroht sind nicht nur Tätigkeiten in den Werkhallen, sondern auch in Büros und Kaufhäusern, in Banken und Kanzleien, in der Pflege und sogar im

Operationssaal. Die Digitalisierung unserer gesamten Arbeitswelt elektrisiert die Phantasien vieler Manager weltweit. Die Faustformel vieler Unternehmer lautet nach dem Motto »Industrie 4.0«: 50 Mitarbeiter schaffen künftig so viel wie bisher 100. Es ist aber sehr wahrscheinlich, dass in anderen Bereichen mehr Menschen arbeiten als bisher: In der Kinderbetreuung und Erziehung, in der Gesundheits- und Krankenpflege, insgesamt in der Sozialarbeit, bei Hochschule und Forschung, in elektronischen Berufen, vor allem in der Bauelektrik. Das Brookings-Institut in den USA, das seit Jahrzehnten den Zusammenhang zwischen Computerisierung und Arbeitsplätzen untersucht, sieht keinen Abstieg an Arbeitsplätzen durch den Aufstieg der Roboter. 2015 wurden in den USA 3,6 Millionen Roboter als Haushaltshilfen verkauft, aber landesweit entstanden zur gleichen Zeit mehr Arbeitsplätze. Auch Roboter müssen zum Teil von Menschen produziert werden.

Skeptiker fürchten dennoch einen Generalangriff auf Jobs und Löhne. Doch bislang haben sich Ängste vor Zukunftstechnologien, ob durch Henry Fords Fließband oder durch den PC auf jedem Schreibtisch, fast immer als übertrieben erwiesen. Es kam meist besser als vermutet. Natürlich kann es diesmal anders kommen. Sicher ist zumindest, dass der digitale Kapitalismus mehr Flexibilität und höhere Lernbereitschaft von den Arbeitnehmern erfordern wird – auch von Akademikern. In meiner Schulzeit lernten wir noch fürs ganze Leben und bereiteten uns danach auf *einen* Beruf vor. Heutige Schüler müssen sich auf Technologien vorbereiten, die es heute noch gar nicht gibt. Und damit muss jeder immer rechnen: Sobald

Computer und Roboter etwas billiger herstellen können als Menschen, muss man sich auf unsichere Zeiten und einen neuen Job einstellen.

Beim Abbau von Arbeitsplätzen wird wahrscheinlich eher eine Evolution als eine Revolution stattfinden und diese kann durch eine geringere Erwerbsarbeitszeit ausgeglichen werden, wie dies auch schon früher der Fall war.

Am Beginn des Industriezeitalters hat ein Arbeiter 60 und mehr Stunden pro Woche gearbeitet. Nach dem Zweiten Weltkrieg noch 45, heute 35. Warum nicht morgen noch 25 oder 20? Eine der vielen frechen Fragen der Zukunft lautet: Arbeitest du noch oder lebst du schon?

9. Öko ist kein Job-Killer, sondern der Job-Knüller

In Deutschland sind in den letzten Jahren trotz beginnender Digitalisierung immer mehr Erwerbsarbeitsplätze entstanden, heute sind es über 43 Millionen. Mehr als je zuvor in der Geschichte der Bundesrepublik. Und schon bisher gab es Jahr für Jahr Effizienzfortschritte am Arbeitsplatz. Deutschland hat nach Südkorea und Japan bereits heute die meisten Industrieroboter. Geringere Arbeitszeiten bei höherer Effizienz als heute scheinen mir – zumindest in absehbarer Zeit – eher finanzierbar als ein bedingungsloses Grundeinkommen für alle. Dafür habe ich bisher zumindest noch kein überzeugendes Finanzierungsmodell gesehen, das dem klassischen Sozialmodell in der Bundesrepublik überlegen wäre. Das frühere Mitglied im Vorstand der Bundesagentur für Arbeit, Heinrich Alt, nennt das bedingungslose Grundeinkommen eine »Horrorvision« und »ökonomischen Unsinn, der gegen die Menschenwürde verstößt«. Massenarbeitslosigkeit muss kein unabwendbares Schicksal sein. »Wahrer Wohlstand bei weniger Arbeit« (Juliet B. Schor) ist eine spannende Chance in der Zukunft.

Wenn wir künftig weniger Zeit für die klassische Erwerbsarbeit verwenden, bleibt uns mehr Zeit für unsere Liebsten, mehr Zeit für soziales Engagement und für Arbeit zum eigenen Bedarf wie Reparaturen, Obst- und Gemüseanbau, geruhsames Reisen und Meditieren oder Beten, sportliche und soziale Aktivitäten, mehr Zeit für die Seele. Es täte uns gut. Ein so sinnerfülltes Leben heilt vielleicht manchen Konsumrausch. Gemeinsames ehrenamtliches Arbeiten kann bereichern. Bei allen technologischen Umbrüchen wurde gefragt, ob der Arbeitsgesellschaft die Arbeit ausgehe. Das prognostizierte Hannah Ahrendt schon 1958 und Ralf Dahrendorf 1982. Doch beide irrten sich. Wir haben immer zuerst gesehen, was wegfällt, aber konnten uns kaum vorstellen, was Neues entsteht. Unserer Frage nach der Zukunft der Arbeit lag immer ein Wahrnehmungsdilemma zugrunde. Das gilt auch aktuell für die »Arbeit 4.0«.

Gemeinschaften können auch ohne Geld Werte schaffen – solches Sozialkapital wird in Zeiten von weniger Wachstum und geringerer Erwerbsarbeit immer wichtiger. Es eröffnen sich Wege in eine neue Zeitkultur und die Behauptung von Karlheinz A. Geißler »Alles hat seine Zeit – nur ich habe keine« könnte obsolet werden.

Vieles spricht dafür, dass es in Zukunft für weit mehr Menschen als heute eine Ökonomie der Eigenproduktion und der Selbstversorgung geben wird. In der Produktion von Eigenenergie ist diese Entwicklung bereits am weitesten fortgeschritten. An die Stelle von vier großen deutschen Energieversorgern treten Millionen Hausbesitzer mit Solaranlagen auf dem Dach, Bauern mit Biogasanlagen oder Windrädern. Landwirte werden zu Energiewirten, Mittelständler und Handwerker reaktivieren kleine Wasserkraftwerke. Small wird beautiful. Small is the next big thing.

Konventionelle Ökonomen haben all diese »neuen« Aktivitäten noch nicht auf ihren Rechnungen. Dass sich Menschen nicht nur beruflich, sondern auch seelisch weiterentwickeln können, wollen sich klassische Ökonomen einfach nicht vorstellen, so wenig wie sich die »Fachleute« vor 20 Jahren vorstellen konnten, dass Deutschland 2016 bereits ein gutes Drittel seines Strom ökologisch erzeugt.

Island ist heute schon zu 97 Prozent erneuerbar und Costa Rica bereits zu 100 Prozent. Dasselbe gilt in Deutschland für viele Kommunen und Landkreise. Der frühere CDU-Ministerpräsident in Schleswig-Holstein, Peter Harry Carstensen, erklärte mir schon im Jahr 2010, dass sein Bundesland in zehn Jahren dreimal mehr Windstrom erzeugen wird, als alle Schleswig-Holsteiner selbst an Strom verbrauchen. Auf diesem Weg ist unser nördlichstes Bundesland jetzt.

Es ist überhaupt kein technisches Problem mehr, dass sich die ganze Welt in vielleicht drei Jahrzehnten zu 100 Prozent mit erneuerbarer Energie versorgt. Nur dann können wir den Anstieg des globalen Klimas noch bei 1,5 Grad stoppen. Das Dorf Dardesheim in Sachsen-Anhalt produziert seit Jahren etwa 40-mal so viel Strom wie die 1.000 Einwohner selbst verbrauchen. Dardesheim ist eine der reichsten Kommunen in den neuen Bundesländern und fast jeder im Ort ist an den 36 Windrädern, die sich hier drehen, beteiligt. Dardesheim kann überall werden. Und überall entstehen dann auch mehr Arbeitsplätze durch eine dezentrale Energiegewinnung. In Deutschland wurden durch die 33 Prozent Ökostrom bereits über 300.000 neue und zukunftsfähige Jobs geschaffen.

Vor allem die heute noch armen, aber warmen und sonnenreichen Länder des Südens können und wollen sich auf diesen Weg einer Zukunft für alle machen. Energie ist die Voraussetzung zur Überwindung von Hunger und Armut sowie für ökonomische Entwicklung. Und ökonomische Entwicklung bedeutet überall, dass die Bevölkerung weniger schnell wächst. Wenn diese Energie nachhaltig produziert wird, entstehen Millionen neue Jobs.

V. UTOPISCHE OASEN ODER WÜSTEN DER BANALITÄT?

1. Gegen die Bedenkenträger

Die Raffgier unserer Gesellschaft ist vor dem Hintergrund menschlichen Entwicklungspotenzials Ausdruck eines beschränkten Bewusstseins. In einem geordneten Staat gibt es weder Reichtum noch Armut, meinte der österreichische Sozialkritiker Silvio Gesell schon vor 100 Jahren, sondern Wohlstand für alle.

Den Bedenkenträgern, den Pessimisten und den Zukunftsverweigerern sei ganz deutlich gesagt: Probleme, die von Menschen verursacht wurden, können auch von Menschen gelöst werden. Pessimisten haben noch nie Lösungen gefunden. Die in diesem Buch aufgezeigten Beispiele einer anderen Praxis, wie sie überall in der Welt zu finden ist, zeigen ebenso wie unsere neuen Vorschläge: Die Lebensintelligenz findet immer Auswege aus den heutigen kapitalistischen Sackgassen, in die wir uns verrannt haben. Ein Jahr nach dem 500. Jubiläum von Thomas Morus' »Utopia« erinnern wir mit diesem Buch daran: Alternativen sind immer möglich. Wir müssen freilich lernen, das Irrationale am heutigen Politikbetrieb zu bändigen. Wir können mehr Alternativen wagen und mehr Demokratie. Der große Utopist des 16. Jahrhunderts kritisiert, dass »alle Menschen alle Werte am Maßstab des Geldes messen« und dass die Adligen »wie die Drohnen von anderer Leute Arbeit leben.« Der fromme Thomas Morus erinnert an das Gemeinschaftsleben der ersten Christen. Seine »Utopier« »verehren die Sonne«.

Den Schöpfer nennen sie – wie Jesus – »Vater«. Es gibt

»keine Arme und Bettler und keinen Privatbesitz, aber alle sind reich«. In der konkreten Umsetzung scheitern später alle Modelle der Utopisten, aber ihre Ideen und ihre Ideale einer gerechteren und besseren Welt leben weiter, bis heute. Der Begriff der politischen Utopie ist seither in der politischen Philosophie etabliert. Thomas Morus ist nicht nur ein Heiliger seiner katholischen Kirche, er ist der Säulenheilige aller Utopisten. Den mittelalterlichen Feudalismus will er überwinden und die Kapitalisten wünscht er in die Hölle. Eine Gesellschaft, die »alles nach dem Wert des Geldes misst«, nennt er »verkommen«.

Doch der große Utopist traut seinem Märchenland »Utopia« selbst nicht ganz. In seinem Eifer für die Gerechtigkeit hat er die Freiheit ganz vergessen. Und so verkommt sein Paradies zum Freilichtgefängnis – verloren irgendwo im Nirgendwo. Eine Gebrauchsanweisung zur Weltverbesserung ist das nicht.

Dennoch Jürgen Habermas: »Wenn die utopischen Oasen austrocknen, breitet sich eine Wüste von Banalität und Ratlosigkeit aus.« Der Traum von einem Leben in Würde, Freiheit und Gerechtigkeit wird nie enden. Thomas Assheuer in der »Zeit«: »Das Beste, was eine Utopie leisten könnte, besteht nunmehr darin, das Schlimmste zu verhindern.«

Bisher galt der alte jüdisch-christliche Grundsatz: »Macht euch *die* Erde untertan«. Für ein wirksames Zukunftsprogramm müssen wir lernen: »Macht euch *der* Erde untertan«. Konkret und praktisch: Die Ein-Dollar-Revolution als globaler Mindestlohn gegen Ausbeutung und Armut, wie sie Peter Spiegel im zweiten Teil dieses Buches vorschlägt, wird die Welt ebenso zum Positiven verändern, wie mein Vorschlag einer solaren Weltrevolution durch die Energiewende, Verkehrswende, Bau-Wende und Landwirtschaftswende es schon heute tut.

Die Vierfachkrise Klimaerwärmung, totale Armut, Finanzkrise und Flüchtlingskrise ist lösbar. Wenn wir zum Beispiel aufhören, fossile Energieträger zu subventionieren, werden sich alternative Energien relativ rasch durchsetzen. Und wenn keine Brennstoffe mehr verbraucht werden, entstehen auch keine zusätzlichen Klimaschäden, was wiederum zu weniger Klima-Folgekosten führt, zu weniger Klimaflüchtlingen und zu mehr Gerechtigkeit. Kein Zweifel: Die solare Energiewende kostet, aber keine Energiewende kostet die Zukunft. Herkömmliche Ökonomen blenden die Folgekosten der alten Energiepolitik völlig aus. Das ist keine ökonomische Rationalität.

Dass die Energiewende möglich ist, beweist die Entwicklung seit dem deutschen Erneuerbaren-Energien-Gesetz im Jahr 2000. Damals hatten wir fünf Prozent Ökostrom, heute 33 Prozent. Damals kostete die Produktion einer Kilowattstunde Solarstrom hierzulande 70 Cent, heute etwa sieben Cent. Deutschland hat nahezu im Alleingang durch Massenproduktion der Photovoltaik-Anlagen den Preis für Solarstrom zwischen den Jahren 2000 und 2017 auf ein Zehntel gedrückt und damit der Welt das größte Entwicklungsgeschenk aller Zeiten gemacht und zugleich eine zentrale Voraussetzung für die weltweite Energiewende geschaffen.

2. Windstrom verzehnfacht – Solarstrom verhundertfacht

Ab 2025, das sagen Wissenschaftler des Fraunhofer-Instituts für solare Energiesysteme in Freiburg, wird in

Deutschland Solarstrom für etwa fünf Cent pro kWh produziert werden können, in Afrika für drei Cent. Schon seit 2012 ist Solarstrom in Deutschland preiswerter als Atom- oder Kohlestrom. Soeben lese ich die Meldung, dass im sonnenreichen Chile das weltgrößte Solarkraftwerk gebaut wird. Ab 2021 soll dann dort eine Kilowattstunde Solarstrom 2,5 Euro-Cent kosten. Solarstrom ist Sozialstrom. Wie werden die wenigen Reichen »ärmer« und die vielen Armen reicher? Eine intelligent organisierte Energiewende wird zu einer gerechteren Gesellschaft führen, weil Sonne und Wind das große kostenlose Geschenk des Himmels für alle sind. Energie ist nicht alles, aber ohne Energie ist alles nichts.

Ein Jahr nach dem Pariser Klimagipfel ertönt aus Neu-Delhi ein Paukenschlag: Die in Paris vereinbarten Klimaziele sollen nicht nur drei Jahre früher erreicht, sondern dann bereits um 50 Prozent übertroffen werden. Das zweitbevölkerungsreichste Land der Welt liegt nun im aktuellen Klimaschutz-Index auf Platz 20, neun Ränge vor Deutschland. Endlich kommen die Energiefrage und die soziale Frage zusammen. Es ist völlig klar, wem die Zukunft gehört.

Die einzig offene Frage ist, ob wir den rettenden Umstieg noch rechtzeitig schaffen. Dabei werden unsere bisherigen Erfolge unsere Hoffnung und unsere Phantasie beflügeln. Sigmund Freud hat uns gelehrt, dass Druck aus der Vergangenheit Veränderungen bewirken kann, aber die moderne positive Psychologie in der Tradition von C.G. Jung lehrt uns, dass der Sog der Zukunft sogar Veränderungen hervorruft, die in der Vergangenheit für unmöglich gehalten wurden. Dieser Sog der Zukunft bewirkt Enthusiasmus, Dankbarkeit, Mut, Bewunderung, Vergebung, Ehrfurcht, Kreativität, Zufriedenheit und Glück, ja sogar Gnade. Lauter Transformationshämmer, nicht Transformationshemmer, meint der Ökonom, Psychologe und Mitglied des Club of Rome, Stefan Brunnhuber, in seinem Buch »Die Kunst der Transformation – Wie wir lernen, die Welt zu verändern«. Sein Fazit: »Transformatives Potenzial liegt ebenso in einem besseren Verständnis der Geschichte wie in einem progressiven Flow-Erleben.« Beides führt zu einem tieferen Bewusstsein. Dieses wiederum ist die Voraussetzung für die jetzt notwendende Transformation als der größten Herausforderung der heute lebenden Generationen. Wir sind vielleicht die letzte Generation, welche die Welt noch grundlegend verändern kann. Ein tieferes Bewusstsein der Probleme wie der Chancen eröffnet uns den Blick für eine gemeinsame, gerechtere Zukunft. »Die Kunst der Transformation benötigt mehr an Bewusstsein und weniger an Tabus.« (Stefan Brunnhuber)

Nur wenn wir von einer besseren Welt träumen, können wir eine solche denken. Und nur wenn wir eine bessere Welt denken, können wir auch eine schaffen.

Weltweit haben wir den Anteil des Solarstroms seit dem Jahr 2000 bereits verhundertfacht und den Anteil des Windstroms mehr als verzehnfacht. 2017 gibt es 360-mal mehr Passivhäuser als im Jahr 1990. Ein Passivhaus verbraucht noch etwa zehn Prozent der Heizenergie eines Hauses, so, wie wir das unsere 1971 im Schwarzwald gebaut haben. Niemand kann sagen, die Transformation kann nicht gelingen.

Der Weg zu einem ökologischen Lebensstil führt weniger über Verzicht als vielmehr über Intelligenz. Es ist einfach nicht intelligent, in wenigen Jahrzehnten zu verbrennen, was die Natur in 300 Millionen Jahren angesammelt und gespeichert hat. Wir leben in einer unvorstellbar reichen Welt mit unendlich viel Energie. Reichtum heißt: Es reicht für alle. Schon Mahatma Gandhi wusste: »Es reicht für jedermanns Bedürfnisse, aber nicht für jedermanns Habgier.«

Es ist kein Verzicht, weniger Auto zu fahren und mehr öffentliche Verkehrsmittel zu nutzen. Es ist intelligenter. Wenn wir weniger Fleisch essen, bleiben wir gesünder. Und wenn wir weniger Wasser aus gekauften Flaschen trinken, sondern mehr aus dem Wasserhahn in unseren Wohnungen, sparen wir viel Geld. Lokal erzeugte Lebensmittel sind ein Gewinn für die heimische Landwirtschaft. Weniger kann mehr sein und eine neue Form von Reichtum werden. Weniger Erwerbsarbeit kann über mehr soziale Beziehungen unser Leben bereichern und uns mehr Lebensfreude bescheren.

Die jetzt anstehende und notwendige große Transformation ist keine Gruselgeschichte, sondern eine Hoffnungsgeschichte. Hoffnung ist der Treibstoff für eine bessere Zukunft mit mehr Gerechtigkeit.

3. Der Mangel an Phantasie

Die Politik wird in den meisten Ländern beherrscht von einem Mangel an Phantasie für alternative Lösungen und von einem Fehlen ganzheitlicher Politik-Ansätze. Ob Donald Trump in den USA, die AfD in Deutschland, der Front National in Frankreich oder die Brexit-Politiker in England: Sie alle stoßen erfolgreich mit allzu einfachen nationalistischen und fremdenfeindlichen Vorschlägen (»America first«) und mit fehlender Empathie gegenüber den sozial Schwachen und erst recht gegenüber der Umwelt in diese Lücke. So leugnet zum Beispiel in Deutschland die AfD als einzige Partei den wissenschaftlich längst bewiesenen, von Menschen verursachten globalen Temperaturanstieg. Alle rechtspopulistischen Parteien haben vor allem drei gemeinsame programmatische Schwerpunkte: Sie sind antiökologisch, frauenfeindlich und sozial unsensibel.

Hinzu kommt eine ideologische Schizophrenie: Trump träumt von einer »wunderbaren Mauer« an der Grenze zu Mexiko, der Ungar Orban lässt neue Stacheldrahtzäune an seinen Grenzen errichten und AfD-Politiker schwadronieren vom »Schießbefehl« auf Flüchtlinge an den Grenzen. Mauer, Stacheldraht, Schießbefehl: Das hatten wir doch alles schon mal. Diese neuen rechten Herrschaften spielen sich als seltsame Wiedergänger des verblichenen linken Erich Honecker auf.

Die Rezepte der neuen Rechten sind weitgehend von gestern: Nostalgie und Sehnsucht nach der »guten, alten Zeit«. Sie sind vergangenheitsversessen, aber zukunftsvergessen. Wenn wir die Gegenwart nicht richtig verstehen, fällt es uns schwer die Zukunft zu gestalten. Ausgerechnet jetzt, wo wir erkennen können, dass die Probleme global sind – wie bei der Klimakrise, bei der Finanzkrise oder der Flüchtlingskrise –, ausgerechnet jetzt erleben wir eine Politik der Re-Nationalisierung und der Angst vor Globalisierung. Doch keines der genannten Probleme ist national zu lösen. Die USA wurden nicht »great« durch Mauern, sondern durch Offenheit. Wirkliche und hilfreiche Alternativen sehen ganz anders aus. Wir brauchen keine »Alternative für

Deutschland«, wir brauchen wirkliche Alternativen für Deutschland. Schon aus Gründen der Gerechtigkeit müssen wir an einer globalen Energiewende arbeiten. Heute sind bereits 65 Millionen Flüchtlinge unterwegs, die UNO schätzt, dass bis zur Mitte des Jahrhunderts bis zu 200 Millionen Flüchtlinge über unseren Planeten irren werden – vertrieben von den Folgen der Klimaerwärmung.

4. Die neue Kraft von unten

Politische Fortschritte sind immer relativ und eine Frage von Kompromissfähigkeit. Der Friedensvertrag der kolumbianischen Regierung von Juan Manuel Santos mit den FARC-Guerilla-Rebellen im August 2016 ist nicht der bestmögliche Frieden, den man sich vorstellen kann, aber er ist nach 52 Jahren Bürgerkrieg und über 200.000 Toten derzeit der bestmögliche Frieden für Kolumbien. Ein relativer politischer Fortschritt. Die Alternative wäre: weiter schießen, weiter bomben, weiter sterben.

Ein globaler Mindestlohn für Bangladesch, Indien oder Afrika von einem US-Dollar pro Stunde entspricht nicht Idealvorstellungen von sozialer Gerechtigkeit, aber er ist gegenüber heutigen Löhnen von 25 Cent für die Näherinnen in Bangladesch ein großer Fortschritt. Um es deutlich zu sagen: Der globale Mindestlohn von einem Dollar in den armen Ländern ist keine Wohltätigkeit, er ist eine ethische Pflicht. Er ist ökonomisch machbar, wenn er für alle gilt, also für die Wirtschaft wettbewerbsneutral eingeführt wird. Eine Näherin in Bangladesch oder Südindien schuftet bis zu zwölf Stunden am Tag, bei ohrenbetäubendem Lärm in stickigen Fabrikräumen, bei 50 Grad Hitze

und enormem Produktionsdruck. Menschenunwür-
dige Zustände, eine moderne Form der Sklaverei. Wie
fair ist das?

Menschfeindliche Lebensumstände gibt es aber
nicht nur in den armen Ländern.

Überall in den USA und in Europa entstehen Bürgerbewegungen, die sich für eine andere Energie- und
Verkehrspolitik engagieren und an alternativen Le-
bensstilen und Produktionspraktiken arbeiten. Ihre
neue Leitidee heißt: mehr globale Gerechtigkeit. Mit
dieser neuen Leitidee können wir eine große Hoffnungsgeschichte im 21. Jahrhundert starten und die
Leitidee der letzten 25 Jahre, den verhängnisvollen
Neoliberalismus, überwinden. So sprechen zum Beispiel die Erfahrungen der »New Deal«-Politik von
Präsident Roosevelt in den Dreißigern des letzten
Jahrhunderts ebenso für einen globalen Mindestlohn
wie die positiven Erfahrungen in Deutschland mit diesem politischen Instrument in den Jahren 2015 und
2016. Nirgendwo in der Welt darf künftig noch eine
bestimmte Lohnuntergrenze unterschritten werden.
Wenn dies für alle Konzerne und Unternehmen gilt,
ist eine Wettbewerbsverzerrung ausgeschlossen. Nur
so kann die globale Lohnsklaverei von heute überwunden werden.

In den neuen Bürgerbewegungen gehen oft Jugendliche zusammen mit älteren Menschen, die ihr
normales Arbeitsleben hinter sich haben, Hand in
Hand voran. Das hat sich bei den letzten Vorwahlen
in den USA bei der hohen Zustimmung für den »Sozi-
alisten« Bernie Sanders gezeigt. Es entstehen:
• unzählige Enklaven städtischer Landwirtschaft
und Tauschhandels-Initiativen,

- Banken für Arme mit Minikrediten, wie es Muhammad Yunus in Bangladesch als Pionier beispielhaft vorgemacht hat,
- Märkte für gebrauchte Konsumgüter, lokale Währungen, Flüchtlingshilfe-Gruppen sowie Genossenschaften für alternative Energieerzeugung, die ihre Region bereits zu 100 Prozent mit erneuerbarer Energie versorgen,
- unzählige Gruppen, die diskutieren, wie die Macht der Banken eingeschränkt werden kann, die Druck auf Regierungen ausüben, damit eine ökologische Steuerreform oder eine CO_2-Steuer eingeführt wird,
- die Divestment-Bewegung, die weltweit dafür sorgt, dass potenzielle Geldgeber ihr Geld nicht mehr in fossil-atomare Energien stecken, sondern in saubere Energien,
- eine weltweit wachsende Sharing Economy, die vom Car-Sharing über Bike-Sharing oder Kleidertauschbörsen und vom Urban Gardening bis hin zum Crowdfunding und zur freien Software reicht,
- Perma-Kultur-Gruppen, gestützt auf dem Engagement Hunderttausender Bürgerinnen und Bürger weltweit, die Gärten in essbare Landschaften verwandeln und Konzepte für eine nachhaltige Land-, Wasser- und Waldwirtschaft erarbeiten.

Die Idee der Perma-Kultur (von »permanent«, dauerhaft und »agriculture«, Landwirtschaft«) wurde vor über 50 Jahren von Bill Mollison und David Holmgren in Australien entwickelt und auch in ganz Europa vom Ehepaar Margrit und Declan Kennedy verbreitet:

Für die Pflanzenwelt und in der Landwirtschaft bedeutet dies, die Pflanzen im System so anzuordnen, dass jede Pflanze gegenseitig von der Anwesenheit ihrer Nachbarpflanze profitiert. So stärken sich die Pflanzen gegenseitig. Dieses schöne Bild gilt auch für das menschliche Miteinander und unterstützt das »WeQ is better than IQ«-Prinzip, das Peter Spiegel im zweiten Teil dieses Buches beschreibt. Unsere Intention: Earth Care, People Care und Fair Share – wenn es der Erde gut geht, geht es den Menschen gut. Aber sie müssen lernen, besser, intelligenter und fairer zu teilen.

Auch die moderne Hirnforschung und die Neuropsychologie bestätigen, dass wir Menschen von Natur aus eher auf Kooperation statt auf Wettbewerb programmiert sind und vor allem: dass uns Kooperation erfolgreicher, glücklicher und weniger krank macht und uns länger leben lässt.

Perma-Kultur soll für uns Menschen eine dauerhafte Lebensgrundlage sichern: ökologisch, ökonomisch und sozial. Dabei geht es nicht um kurzfristige Profite, sondern um langfristigen Gewinn. Aus dem Konzept der Perma-Kultur entstand die Vision der permanenten Kultur: das Konzept des Überlebens unserer Kultur, das diesem Buch zugrunde liegt.

5. Agrarwende jetzt – Gesunde Lebensmittel für alle

Österreich ist Europameister im biologischen Landbau. 2017 werden bereits 23 Prozent der Ackerflächen ökologisch bewirtschaftet: ohne Chemie und ohne Monokulturen, die Zahl der Tiere hängt von der Größe der Ackerflächen ab – Vielfalt statt Einfalt! An zweiter Stelle steht Schweden mit 18 Prozent und Nummer drei ist Estland mit 17 Prozent. Deutschland hat mit nur sieben Prozent einen schwachen Mittelplatz innerhalb der EU. Für Österreich hat der Spitzenplatz zur Folge, dass der Anteil des biologischen Essens in Kindergärten und Kindertagesstätten bereits bei 50 Prozent liegt. In Österreich heißt das Landwirtschaftsministerium Lebensministerium, weil Lebensmittel wieder Mittel zum Leben werden sollen.

Dänemark hat sich vorgenommen, das erste 100 Prozent-Bio-Land der Welt zu werden. Schon 2020 sollen Schulen, Universitäts-Mensen und staatliche Kantinen zu 60 Prozent biologisches Essen anbieten. In der Hauptstadt Kopenhagen liegt der Bioanteil schon jetzt bei 87 Prozent. Landwirtschaftspolitik ist Gesundheitspolitik.

Unsere bisherige Lebensmittelproduktion ist durch die Chemiesierung und Industrialisierung zu einer Nahrungsmittelproduktion verkommen. Zu Recht sagt die prominente Fernsehköchin Sarah Wiener, dass in den Restaurants vor 30 Jahren die Leute noch das gegessen hätten, was man ihnen angeboten habe. Doch heute gäbe es viele Unverträglichkeiten: »Probleme mit Haut, Darm, Krämpfe. Da passiert etwas mit uns, aufgrund unseres Essverhaltens, das dabei ist, den Menschen abzuschaffen, so wie wir ihn noch kennen. Der Körper wehrt sich gegen Stoffe, die er nicht mehr verstoffwechseln kann.« Allein wegen falscher Ernährung müssen wir Deutsche jedes Jahr circa 75 Milliarden Euro im Gesundheitswesen aufwenden. Billige Nahrung kann sehr teuer werden.

Die Produkte machen zwar satt, sind aber immer weniger Mittel zum Leben. »Masse statt Klasse« sowie »Hauptsache satt und billig« bestimmen die Nahrungsmittelproduktion in der heutigen Chemie-Landwirtschaft. Vor allem deshalb steigen weltweit die Gesundheitskosten, eigentlich Krankheitskosten, ins Unermessliche.

Vergessen wurde die biologische Grunderkenntnis: Nur Leben kann Leben weitergeben. Im Gegensatz dazu hat der Begründer der traditionellen ayurvedischen Medizin in Indien, Caraka Samhita, vor 2.100 Jahren gelehrt: »Allein durch gute Nahrung gedeiht der Mensch, schlechte Nahrung hingegen ruft Krankheit hervor.«

Voraussetzung für die Gesundheit aller Lebewesen sind gesunde Böden, gute Luft und sauberes Wasser. Das wusste schon der griechische Arzt Hippokrates 400 Jahre vor Samhita: »Eure Lebensmittel sollen eure Heilmittel sein, und eure Heilmittel sollen eure Lebensmittel sein.« Die Ayurveda-Heilslehre lehrt ein Essen im Einklang mit den Naturgesetzen. Die Ayurveda-Ärztin und Psychologin Karin Pirc meint: »Der menschliche Körper ist nach ayurvedischer Auffassung die Materie, in der das höchste Bewusstsein entwickelt werden kann. Die Ernährung bildet eine der wesentlichen Grundlagen dafür, schließlich liefert sie die Bausteine für den Körper...Er ist somit die Basis dafür, dass ein Mensch dauerhaft höhere Bewusstseinszustände entwickeln kann«. Teresa von Ávila schrieb dazu vor bald 600 Jahren: »Tu deinem Körper des Öfteren etwas Gutes, damit die Seele Lust hat, darin zu wohnen.«

Ayurveda bedeutet übrigens die Wissenschaft vom langen Leben.

1. Für eine reife, ethische Marktwirtschaft

Schon 2002 habe ich in Indien für die ARD einen Film
gedreht, in dem ich aufzeigte, dass sich dort bereits
10.000 Dörfer zu beinahe 100 Prozent auf Ökoener-
gie umgestellt hatten – durch eine Kombination von
kleinen Solarstromanlagen und Biogas zum Kochen.
Voraussetzung dafür waren zwei Kühe. Dortige Bauern
haben mir vorgerechnet, dass sie dadurch auch noch
Geld sparen und ihre Frauen und Kinder jetzt weniger
krank werden als früher durch das Verbrennen von
Kerosin und Holz in den Küchen. Nach zwei Jahren
hatten sich ihre Solaranlagen gerechnet und schaffen
seither eine bessere Lebensqualität. Ihre Kinder konnten früher nicht zur Schule, weil sie ohne Licht am
Abend keine Hausaufgaben machen konnten. Jetzt
aber, so erzählten sie in meine Fernsehkamera, gehen
auch ihre Töchter zur Schule und bekommen später einen Arbeitsplatz. Bildung mit Hilfe von erneuerbaren
Energien verändert alles.

In Bangladesch gibt der Banker und Friedens-
nobelpreisträger Muhammad Yunus über seine Gra-
meenbank Minikredite für Solaranlagen nur, wenn
Eltern sich verpflichten, ihre Kinder in die Schule zu
schicken. Mädchen mit Schulabschluss und einem Arbeitsplatz bekommen dann nicht mehr wie früher mit
14 ihr erstes Kind, sondern mit vielleicht 25. Auch das
Problem des Bevölkerungswachstums ist lösbar. Im
südindischen Bundesstaat Kerala gibt es die meisten
Solaranlagen in ganz Indien. Dort gehen alle Kinder

zur Schule. Kerala ist der erste indische Bundesstaat, in dem das Bevölkerungswachstum gestoppt ist.

Erfolgreiche Entwicklungshilfe setzt bei der Finanzierung von Grundschulen für die Ärmsten an. Bildung sollte eine Treppe sein, die auch das ärmste Mädchen aus dem ärmsten Dorf in Indien oder Afrika betreten kann.

Weltweit wird sich unsere Art und Weise des Produzierens und Konsumierens so verändern, dass die Voraussetzungen dafür auf unserer Erfindungsgabe und auf Innovation beruhen anstatt wie bisher auf dem Verbrennen von fossilen Rohstoffen. Wir werden lernen, ein Wirtschaftssystem zu organisieren, das die skandalöse Kluft zwischen arm und reich dramatisch verkleinert, natürliche Rohstoffe wertschätzt und mit weniger Erwerbsarbeit auskommt. Für viele, durch die heutige Arbeitswelt gestresste Menschen, kann Zeitwohlstand eine ganz wichtige Wohlstandsvermehrung bedeuten. Heute arbeiten Millionen zu viel, essen zu schnell und vernachlässigen Familie und Freunde. Stress ist kein Wohlstands-Faktor.

Über eine Milliarde Menschen müssen mit 1,90 US-Dollar am Tag auskommen. Das reicht weder zum Leben noch zum Sterben. Das herkömmliche Rezept gegen diese Menschheitskrankheit heißt noch immer: mehr Wachstum! Der dadurch noch schneller eintretende Kollaps des Planeten wird schlicht verdrängt. Wir rasen wie die Irren auf einen Abgrund zu und sehen die Lösung des Problems darin, dass wir noch mehr Gas geben.

Diese Gefahr zu verdrängen hilft nicht. Sie wird uns einholen. Die neoliberalen Ökonomen verehren nicht mehr das Wunder der Schöpfung, sie beten vielmehr ihre Götzen »Markt« und »Wachstum« an. Doch endliche Systeme können – wie alles, was lebt – niemals unendlich wachsen. Unendlich wächst allein der Krebs. Wir leiden unter einer »Krebswirtschaft«. Die Krebszellen in einem lebendigen System wachsen freilich so lange, bis das System zusammenbricht. In der Wirtschaft ist nicht länger »Wachstum« gefragt, sondern Reife.

Dort, wo es keine Wachstumsbegrenzung gibt – im seelischen, kulturellen, im geistigen und religiösen Bereich –, dort sind wir jedoch infantil geblieben. Dieses Krebs-Denken in den Kategorien des unendlichen materiellen Wachstums führte 2008 zum Finanzcrash und in die ungerechte Welt, wie sie heute existiert.

Retten kann uns keine »freie« Marktwirtschaft, sondern nur eine ökosoziale, ethische Marktwirtschaft, die ökologische Grenzen anerkennt und den Markt sozial gestaltet. Zugegeben: Das heutige Kurzfristdenken in Wirtschaft und Politik kann kurzfristig sehr erfolgreich sein – freilich nur für wenige –, aber langfristig niemals für alle, nicht einmal für die Mehrheit. Aber darauf kommt es in diesem Buch für eine gerechtere Welt an.

Die künftigen Generationen und die Milliarden Armen unserer Zeit sind die Verlierer der aktuellen Kurzfrist-Ökonomie. Noch werden Kohle, Gas, Öl und Atomkraft weltweit und jedes Jahr mit dreistelligen Milliarden-Subventionen gefördert ohne dass die Betreiber für die gewaltigen Folgekosten aufkommen müssen. Damit werden zugleich die Autoindustrie und die chemieintensive Landwirtschaft hoch subventioniert. Schon deshalb können die »Marktpreise« niemals die ökonomische und schon gar nicht die »ökologische Wahrheit« (Ernst Ulrich von Weizsäcker) sagen. **95**

In Wahrheit ist diese Ökonomie nicht erfolgreich, sondern so trostlos wie kurzsichtig. Saubere Luft und trinkbares Wasser sind angeblich »zu teuer«. Die Überfischung der Meere aber ist »preiswert«. Gesunde Wälder und Böden – so wird argumentiert – »vernichten Arbeitsplätze«. Jeder Unfall, jede Krankheit helfen dem sogenannten »Bruttosozialprodukt«. Das ist die absurde Logik der alten Ökonomie. Nach dieser Logik ist es preiswerter, die Katastrophe zu subventionieren anstatt saubere Luft.

Diese primitiven Rechnungen hat sich der frühere Chefvolkswirt der Weltbank, Sir Nicholas Stern, schon im Jahr 2006 einmal näher angesehen und Folgendes herausgefunden: Intelligentes ökologisches Wirtschaften im Energiebereich kostet etwa ein Fünftel dessen, was auf die Welt an Kosten zukommt, wenn wir einfach im alten Trott der alten Energiewirtschaft so weitermachen wie bisher. Umwelt und Klima retten ist also weit preiswerter, als sie zu zerstören. Ganz abgesehen vom massenhaften menschlichen Leid durch Zerstörung. Richtig ist, dass die Energiewende viel Geld kostet, aber keine Energiewende kostet die Zukunft. Noch haben wir die Wahl.

Mit einer kohlenstoffarmen Wirtschaft leben heißt nicht schlechter leben, aber anders. Dieses Ziel hat die Bundeskanzlerin 2015 auf Schloss Elmau propagiert und Ende 2015 beim Pariser Klimagipfel bekräftigt. Seinen Ökonomie-Kollegen schrieb Nicholas Stern ins Stammbuch: »Die Klimaerwärmung ist das größte Marktversagen in der Menschheitsgeschichte.« Und wir fügen hinzu: Sie ist die größte Ungerechtigkeit gegenüber künftigen Generationen. Der alten These vieler Ökonomen »Umweltschutz ist zu teuer«

stellt Stern seine realistische These gegenüber: »Kein Umweltschutz ist viel teurer.« Um dies zu verstehen, müssen wir anerkennen, was die Kosten des dramatischen Artensterbens (etwa tausendmal schneller als neue Arten entstehen), zunehmender Waldbrände, leergefischter Meere und Hunger, Bodenerosion, Klimaerwärmung und Meeresverschmutzung mit unseren Bilanzen anstellen!

2. Die Ökologie wird die intelligentere Ökonomie

Wir brauchen also eine Ökonomie, welche ihren ursprünglichen Namen, nämlich haushalten, wieder verdient. Die Ökologie wird dann die intelligentere Ökonomie. Juliet B. Schor weist in ihrem Buch darauf hin, dass mehr Effizienz beim Energieverbrauch freilich nicht ausreicht für eine ökologische Energiewende. Das zeigen diese Entwicklungszahlen in den USA: Pro Dollar Bruttoinlandsprodukt (BIP) ist der Energieverbrauch seit 1975 um 50 Prozent gefallen, aber der Gesamtenergieverbrauch ist um 40 Prozent gestiegen. Pro gefahrenen Autokilometer ist der Benzinverbrauch seit 1980 zwar um 30 Prozent reduziert, aber der Benzinverbrauch insgesamt ist gleich geblieben, weil heute mehr und größere Autos fahren. Im Flugverkehr konnte der Kerosinverbrauch pro Meile seit 1975 um 40 Prozent eingespart werden, doch der Gesamt-Kerosinverbrauch ist um 150 Prozent gestiegen, weil heute viel mehr geflogen wird.

Diese Zahlen beweisen, dass letztlich nur durch den hundertprozentigen Umstieg auf saubere Energiequellen die Energiewende gelingen kann. Wir erreichen sie freilich umso schneller, je effizienter wir beim Energiesparen sind. An besserer Dämmung unserer

Gebäude, an leichteren Elektroautos, am raschen Ausbau der öffentlichen Verkehrsstrukturen sowie an der kompletten Umstellung auf saubere Energie führt kein Weg vorbei. Energieeffizienz ist nicht nur ökologisch geboten, sie ist auch ökonomisch sinnvoll, weil neben der Energie dabei auch viel Geld gespart wird.

Die heutigen klassischen Ökonomen denken zu kurzfristig. Damit zerstören sie aber langfristig unsere Lebensgrundlagen. Je mehr Wirtschaftswachstum im herkömmlichen Sinn, desto mehr Zerstörung. Dieses Kurzfristdenken hat dazu geführt, dass kein prominenter Ökonom die Weltwirtschaftskrise 2008 vorhergesehen hat – eine Bankrotterklärung der Hauptwissenschaft unserer Zeit. Noch nie hat sich eine Scheinwissenschaft in so kurzer Zeit so sehr blamiert und selbst entzaubert wie die Ökonomie im Katastrophenjahr 2008. Doch das eigentlich Tragische ist, dass die Kurzfrist- und Wachstumsökonomen seither fast nichts dazugelernt haben. Sie sitzen noch immer da wie die drei japanischen Affen: nichts sehen, nichts hören und nichts reden – blind, taub und sprachlos im Angesicht der Probleme, die sie in ihrer Gier selbst geschaffen haben. Sie machen einfach weiter so. Die heute real existierende Ökonomie ist eine Ökonomie der Zerstörung.

Die Ökologie ist die Wissenschaft der Schöpfung und des Erhalts der Schöpfung. Die heutige Ökonomie ist knapp 300 Jahre alt. Die Ökologie ist so alt wie die Schöpfung – also mehrere Milliarden Jahre. Die Ökonomie ist nur eine Unterabteilung der Ökologie. Doch dieses Primat der Ökologie haben die Ökonomen in ihrer Kurzsichtigkeit verdrängt. Das ist das größte Problem unserer Zeit.

3. Entwicklung statt Wachstum

Ungerechtigkeit, Hunger, Naturzerstörung, Kriege und Rassismus beweisen, dass wir uns als Menschheit noch auf einer niedrigen Entwicklungsstufe befinden. Mr. Trump und Wladimir Putin müssen endlich lernen, dass Frieden zwar nicht alles ist, aber ohne Frieden alles nichts. Unsere wichtigste Forderung an Politiker heißt: Kommt endlich zur Vernunft – nie wieder Krieg. Lernt endlich eine Politik der Bergpredigt – das heißt eine Politik der Abrüstung, der Kooperation statt der Konfrontation. Also konkret und praktisch:

1. Mehr Gerechtigkeit
2. Eine ökologische Wirtschaftspolitik
3. »Du sollst nicht töten« – dies ist das Ur-Ethos aller Ethik
4. Schafft endlich alle Atomwaffen ab – so wie es Michail Gorbatschow fordert

Die bisherige Steinzeit-Ethik »Auge um Auge, Zahn um Zahn« müssen wir jetzt endlich im Atomzeitalter überwinden und lernen, dass Liebe und Versöhnung wichtiger sind als Hass und Rache. Siebenmal haben westliche Länder in den letzten Jahrzehnten islamische Staaten zerbombt. Wieso eigentlich wundern wir uns darüber, dass in Folge dieser Politik uns anschließend Terroristen heimsuchen? Der westliche Staats-Terrorismus ist doch kein bisschen vernünftiger oder gar moralischer oder gerechter als die Terror-Anschläge des IS.

Das Ziel der Welt ist Entwicklung. Das Vertrauen in Gott oder in diese Entwicklung schafft eine immer gerechtere Welt. Die Basis dieses Vertrauens in eine gerechtere Welt ist eine vernünftige Weltordnung. Aber:

Wie kommen wir dahin? Kann vielleicht Religion dabei eine hilfreiche Rolle spielen? Sicher nicht das, was wir bisher unter Religion verstanden haben. Der Dalai Lama sagt: »Ich kenne nur eine wirkliche Religion. Und das ist ein gutes menschliches Herz.« Buddha und Jesus würden das unterschreiben. Und viele Atheisten und noch mehr Agnostiker auch.

Es gibt nur diese eine wahre Religion, so wie es nur eine Mathematik gibt. Es gibt tausend Konfessionen und noch mehr Dogmen in allen Konfessionen, aber nur diese eine, wahre Religion des Herzens. Ein schöner Stock voller roter Rosen predigt die Schönheit und Größe des Schöpfers dieser Rosen weit überzeugender, als es je eine fromme Predigt tun kann. Aber anstatt die Natur zu verehren und ihren Schöpfer zu preisen, so wie es Jesus getan hat (»Seht die Vögel des Himmels und die Blumen des Feldes...« oder »Die Sonne des Vaters scheint für Gerechte und Ungerechte«), beten die Christen Jesus an, was er sich immer und konsequent verbeten hat. Wenn wir an der Bewahrung der Schöpfung wirklich mitarbeiten wollen, dann brauchen wir einen ethischen, aber auch einen ästhetischen Impetus – eine neue Liebe zur Natur.

Am Beginn des 21. Jahrhunderts haben wir durch die Globalisierung und durch neue Medien eine neue, erweiterte, eine universelle Verantwortung – weit mehr als in früheren Jahrhunderten. Dieser universellen Verantwortung müssen wir uns jetzt stellen. Der Dalai Lama dazu: »Das ist die Tiefenwahrheit des Lebens, die aus Liebe und Großherzigkeit besteht.«

Einer der größten und folgenreichsten Irrtümer der Menschheitsgeschichte lautet: »Der Mensch ist des Menschen Feind.« Ihm liegt ein rein materialistisches

Weltbild zugrunde. Dieses verhängnisvolle und Jahrtausende alte Dogma ist heute von der Tiefenpsychologie, der Anthropologie, der Biologie und vor allem von den Neurowissenschaften widerlegt. Der Mensch ist ein Freund des Menschen. Kooperation statt Konfrontation.

Weil wir geistige Wesen sind, sind wir auch göttliche Wesen oder Kinder Gottes. Denn Gott ist Geist.

4. Drei Mutmacher

Zum Schluss drei moralische Stimmen unserer Zeit, die uns Mut machen. Martin Luther King aus den USA: »Der Bogen der Moral ist lang, aber er neigt sich der Gerechtigkeit zu.« Das ist die richtige Antwort auf den jetzt vorherrschenden Trumpismus in den USA. Erzbischof Tutu aus Südafrika: »Die Welt wird besser. Man braucht nur an die Frauenrechte zu denken oder daran, dass die Sklaverei noch vor wenigen Jahrhunderten moralisch gerechtfertigt war. Es braucht Zeit. Wir wachsen und wir lernen, mitfühlend, fürsorglich, menschlich zu sein.«

Oder der Dalai Lama: »Ich bin fest davon überzeugt, dass das 21. Jahrhundert ein Jahrhundert des Friedens, der Gerechtigkeit und der Solidarität werden kann.« Diese Haltung ist kein billiger Optimismus, sondern ein Ausdruck von begründeter Hoffnung. Hoffnung basiert auf Vertrauen, Vertrauen in das grundsätzlich Gute in jedem Menschen, Vertrauen in die Lebensintelligenz.

Technik allein wird uns nicht retten. Im Geiste der Öko-Enzyklika des Papstes und im Geist des ökologisch inspirierten Dalai Lama könnten uns aber die folgenden 13 Gebote einer Öko-Ethik vielleicht helfen:

Erstens: Du bist ein Teil von 7,5 Milliarden Menschen auf unserer Erde. Wir alle haben eine universelle Verantwortung.

Zweitens: Denke darüber nach, dass das Wohlergehen aller Lebewesen vom Gleichgewicht der Ökosysteme abhängt. Dieses Gleichgewicht ist auf Gerechtigkeit angewiesen. Ausbeutung zerstört es. Es gibt auch eine Ressourcen- und Klimagerechtigkeit. Jeder Mensch sollte nicht mehr als 2,5 Tonnen CO_2 pro Jahr emittieren. (Ein Mensch in Deutschland produziert heute im Schnitt elf Tonnen.)

Drittens: Denke darüber nach, ob Dein Essensverhalten Massentierhaltung zur Folge haben könnte.

Viertens: Denke darüber nach, wie Du Deinen Energiekonsum ökologisch organisieren kannst, was heute schon Millionen Menschen tun. Wenn auf dieser reichen Erde jeder Mensch künftig verbraucht, was er braucht, muss niemand mehr Mangel leiden.

Fünftens: Denke darüber nach, ob und wie Du Deine Mobilität klimaverträglicher, intelligenter, aber auch gesundheitsschonender gestalten kannst.

Sechstens: Innerer Frieden, Dankbarkeit und Demut inspirieren mich, meinen persönlichen Beitrag für eine gerechtere Welt zu leisten, indem ich sparsamer als bisher und nachhaltiger mit meinem Ressourcenverbrauch umgehe.

Siebtens: Eine ökologische Ethik der Zukunft erfordert auch von mir, ein Bewusstsein für eine Ethik zu entwickeln, die ausnahmslos alle Arten umfasst – auch die allerschwächsten. Die Lebensrechte anderer Spezies sind genauso wichtig wie die Menschenrechte. Das Bewusstsein einer unteilbaren Gemeinschaft des Lebens ist die Voraussetzung für das Überleben auch unserer menschlichen Spezies. Erst wenn wir verstehen, dass wir mit allen Lebewesen verbunden sind, verlieren wir die Angst.

Achtens: Ich engagiere mich für eine Kultur des Teilens, des Recycelns und der Ressourcenschonung. Gleichzeitig übernehme ich Verantwortung für mich, meine Familie und meine Region. Universelle Verantwortung bedeutet, dass ich die alten Schranken der Nation, der Kultur und Religion überwinde.

Neuntens: Ich werde die demokratische Lebensform mit gewaltfreien Mitteln mitgestalten, weil ich erkannt habe, dass die repräsentative Demokratie der Ur-Natur des Menschen entspricht.

Zehntens: Zur Gerechtigkeit gehört ganz zentral: Männer und Frauen haben die gleichen Rechte. Der Dalai Lama sagt: »Ich engagiere mich dafür, die Frauen voll und ganz an der Weiterentwicklung der Gesellschaft zu beteiligen, indem sie eine entsprechende Ausbildung und Zugang zu verantwortungsvollen Positionen bekommen. Ich bin nämlich davon überzeugt, dass sie über die natürliche Fähigkeit dazu verfügen, die Welt wieder menschlicher zu gestalten und in ihr mit einer altruistischeren Einstellung die individuelle und kollektive Verantwortung zu übernehmen.«

Elftens: Es gibt schon heute weit mehr Wirtschafts- und Lebens-Alternativen als uns gemeinhin bewusst ist. Ich will mich intensiv darüber informieren. Öko-Bildung ist die Voraussetzung für mehr ökologisches Verhalten und für mehr Gerechtigkeit.

Zwölftens: Jede und jeder von uns kann ein Baumeister der Wahrheit, der Liebe, der Gerechtigkeit und des Friedens sein. Was kann ich dazu beitragen?

Dreizehntens: Kontemplative Meditation kann uns helfen, diese Ziele zu erreichen. Dann können wir lernen, radikaler, das heißt menschlicher und gerechter zu leben und zu arbeiten. Und so erarbeiten wir uns auch Lust und Freude auf die Zukunft.

....

Zukunft für alle ist noch möglich. Die am Anfang zitierten Oxfam-Zahlen – acht Milliardäre besitzen so viel wie die ärmere Hälfte der Menschheit – ist kein unabwendbares Schicksal. In dieser Studie wird nicht erwähnt, dass in China, Indien und Brasilien eine neue Mittelschicht wächst. Entwicklung ist möglich. Das zeigt Peter Spiegel auch im zweiten Teil dieser »Grundsatzerklärung«. So viel ist sicher: Der Wandel wird kommen. Und die Entwicklung dahin findet bereits statt. Die offene Frage ist: Wollen wir die Zukunft selbst mitgestalten oder wollen wir, dass wir gestaltet werden? Auf eine Welt voller Ungerechtigkeit und voller Kriege können wir mit dem Geist der universellen Liebe antworten.

Haltung ist gut und wichtig – Handlung ist besser und wichtiger. Wenn wir mit Mut und voller Hoffnung *tun*, was wir für das Wichtigste halten, kommen wir zum Ziel. Wer Mut und Hoffnung sät, wird eine bessere Welt ernten.

Warum gibt es noch immer Kriege? Weil es zu wenig engagierte Friedensfreunde und -freundinnen gibt. Warum gibt es so viel Ungerechtigkeit? Weil es noch zu wenig Gerechtigkeitsfreunde und -freundinnen gibt. Warum gibt es so viel Umweltzerstörung? Weil es noch zu wenig Umweltfreunde und -freundinnen gibt.

Vor 27 Jahren fiel in Berlin die Mauer. Ein »Wunder« titelte damals der »Spiegel«. Aber es war kein Wunder. Den Mauerfall hatten Tausende Bürgerrechtler und Bürgerrechtlerinnen wie Bärbel Bohley, Roland Jahn, Rudolf Bahro, Wolf Biermann, Katja und Robert Havemann sowie Rainer Eppelmann jahrzehntelang geistig nachhaltig und widerständig vorbereitet und etwa eine Million Menschen gingen dafür 1989 mutig auf die Straße. Sie waren es in erster Linie, welche die Gefahr eines Atomkriegs gebannt, so Michail Gorbatschow in mehreren Gesprächen mit mir, den Kalten Krieg beendet und Deutschlands Einheit zustande gebracht haben.

Das Geheimnis dieses »Wunders« hieß: »Keine Gewalt« und »Keine Rache«, aber ausdauernder Widerstand. Eine jesuanische Revolution. Praktizierte Feindesliebe. Es wurde ein Sieg der Liebe und der Vernunft über den Hass. Kein Schuss, keine Toten, kein Tropfen Blut. Ein neues Kapitel der Weltgeschichte. Ein Sieg der Lebensintelligenz. Das ist die Politik der Bergpredigt.

Auch die Mauern in unseren Köpfen werden nur fallen, wenn wir mutig, ausdauernd und phantasievoll für eine gerechtere Welt arbeiten. Mehr Gerechtigkeit wird zur Systemfrage, zur Überlebensfrage der Demokratie. Ohne mehr Gerechtigkeit fliegt uns die Demokratie bald um die Ohren.

Weitere Infos
www.sonnenseite.com
Email: franzalt@sonnenseite.com

TEIL II
PETER SPIEGEL: ZUKUNFT FÜR ALLE!

GERECHTIGKEIT ALS ENTFALTUNG DER MENSCHLICHEN POTENZIALE

1. Die neue Dimension von Gerechtigkeit

Wikipedia fasst den Kern der gängigen Definitionen von Gerechtigkeit wie folgt zusammen: »Gerechtigkeit bezeichnet einen idealen Zustand des sozialen Miteinanders, in dem es einen angemessenen, unparteilichen und einforderbaren Ausgleich der Interessen und der Verteilung von Gütern und Chancen zwischen den beteiligten Personen oder Gruppen gibt.« Gerechtigkeit als Interessensausgleich und ein gewisses Maß an Güter- und Chancenausgleich – ist das alles, was Gerechtigkeit bedeuten kann und bedeuten sollte?

In dem Maße, wie wir in Kategorien von *ausgleichender Gerechtigkeit* denken und handeln, verhindern wir bereits viele Fehlentwicklungen und sichern zumindest schon recht ordentliche Entwicklungschancen. Wenn wir in Kategorien von *systemischer Entfaltungsgerechtigkeit* denken, erschließen wir uns gänzlich andere Entwicklungspotenziale, und zwar so viele und vielfältige, dass niemals mehr auch nur ein Mensch darben muss. Im Vergleich zur heutigen Situation wäre es so, als würde die Kurve eines in jeder Hinsicht universell verstandenen Wohlergehens für alle erst heute zu einem Höhenflug ansetzen, zu einem unglaublichen Höhenflug.

Wie unterscheidet sich *ausgleichende Gerechtigkeit* von *optimaler Entfaltungsgerechtigkeit*?

Ersteres Gerechtigkeitsverständnis konzentriert sich darauf, dass das, was in einer Gemeinschaft geschaffen wurde, nicht systembedrohlich ungleich verteilt wird. Es hält Systeme in Balance und kann, wenn einigermaßen gut umgesetzt, auch bereits einiges an Potenzialentfaltung in solcherart aufgestellten Gesellschaften generieren, wie die jüngere Geschichte zeigt.

Aber ein solches Gerechtigkeitsverständnis reicht nicht mehr in einer Zeit der explosionsartigen Ausweitung menschlicher Handlungsreichweite durch technologische und weitere Entwicklungen. Wir brauchen eine *systemische Entfaltungsgerechtigkeit.* Indem wir uns an dieser ausrichten, werden sich die Grenzen der Entfaltung menschlicher Potenziale noch sehr lange weiter verschieben können, niemand weiß, wie lange. Aber das kann und wird einzig und allein funktionieren, wenn wir uns den *Entfaltungsgesetzen* der Ökosysteme wie der Humansysteme unterwerfen. Wir müssen in unserem Denken und Handeln *den systemischen Potenzialentfaltungsgesetzen gerecht werden.* Auf diese Weise erweitern wir unser Verständnis von »Reichtum«, »Wohlstand« und »Vermögen« in völlig neue Dimensionen und Universen, aus deren Blickwinkel dann unsere heute noch dominierende Verkürzung auf materiellen Reichtum und egoistische, selbstsüchtige Lebensgestaltung sehr ärmlich und dumm wirkt.

Den in den Ökosystemen und Humansystemen angelegten Entfaltungsgesetzen gerecht zu werden und damit neue Freiheitsgrade menschlichen Wohls und Werdens zu eröffnen, hängt ausgerechnet von unserer Bereitschaft und Qualität einer gleich doppelten Unterwerfung ab.

Zum einen gibt es nur einen einzigen Weg, wie man Fliegen lernen kann: die Gesetzmäßigkeiten des Fliegens zu entdecken, zu verstehen – und sich diesen zu unterwerfen und sie sich dadurch nutzbar machen

zu können. Zum zweiten kann uns die Nutzbarma-
chung solcher Fähigkeiten wie jene des Fliegens nur
dann dauerhaft Nutzen ohne kleinere bis riesengroße
Nebenwirkungen bescheren, wenn wir deren Gestaltung kompatibel machen mit dem Gesamtökosystem
Erde, uns also dessen Gesetzmäßigkeiten unterwerfen.

Als die ersten Geschöpfe in der Evolutionsge-
schichte dieser Erde lernten, sich in die Lüfte zu erheben und zu fliegen, war dies keine evolutionäre
Katastrophe. Und auch für den Menschen eröffneten
sich beträchtliche neue Entfaltungspotenziale für die
weitere Evolution auf diesem Planeten. Wenn es uns
jedoch nicht gelingt, dieses wie alle anderen Verkehrsmittel so weiterzuentwickeln, dass sie sich einpassen
in das Gesamtökosystem Erde und dessen Anforderungen und Gesetzmäßigkeiten, würden wir unsere
Existenzgrundlagen beschädigen oder sogar zerstören. Die Weiterentwicklung unseres Wohlstands und
schlicht unser Überleben hängen von unserer Unterwerfungsintelligenz in die übergeordneten Entfal-
tungsdynamiken des Ökosystems Erde ab. Genau diese
systemische Unterwerfungsintelligenz ist der Kern der
klügsten Befreiungs- und Entfaltungsintelligenz für
alle Geschöpfe.

Auf den Akteur Mensch angewandt, der weit mehr
als jedes andere Wesen auf diesem Planeten zum aktiven Mitschöpfer und -gestalter aller Systeme in seiner Reichweite geworden ist, bedeutet dies: Er muss
nicht nur lernen, »fluggerecht« zu denken und zu
handeln, um die tausend Variationen des Fliegens zu
erschließen und nutzen zu können. Er muss konsequent *gesamtsystemische Verantwortung* übernehmen,
damit die Form seiner Nutzung des Fliegens die Luft

nicht ruiniert, die soziale Ungleichheit in der Welt nicht beschleunigt, die Konfliktaustragung nicht »beflügelt« und so weiter. Oder anders formuliert: Wenn wir weiterhin technischen Fortschritt haben wollen, dann muss dieser ökosystemgerecht werden und *humansystemgerecht*, also dem Wohl und der Entfaltung jedes Menschen und der gesamten menschlichen Gemeinschaft weltweit gerecht werden.

»Elitedenken«, das acht Menschen soviel Eigentum zukommen lässt wie der Hälfte der Menschheit, »America First«-Denken und jegliches sonstige völkische oder wie auch immer exkludierende »Elitedenken« ist in einer systemisch längst in Trilliarden Variationen verknüpften Welt schlicht und einfach ein Todesurteil für uns alle. Wenn wir aber die Intelligenz von ökosystem- und humansystemgerechtem Denken und Handeln verstehen und umsetzen, werden wir in den nächsten Jahrzehnten aus dem Staunen gar nicht herauskommen, wie viel Wohlergehen für die gesamte Menschheit und jeden Menschen freigesetzt wird.

Wir müssen also zwei Arten von Systemen gerecht werden: allen natürlichen Systemen – also unseren Ökosystemen – wie auch allen menschlichen Systemen – vom einzelnen Menschen bis zur Menschheit als Ganzes. In beiden sind unvorstellbar große Potenziale verborgen, die auf eine intelligente Entfaltung warten.

Ein beträchtlicher Teil der Menschheit hat in den letzten Jahrzehnten erkannt, dass unser Planet systemische Anforderungen hat, die wir berücksichtigen müssen als Voraussetzung eines gesunden und gedeihlichen Lebens und unseres kollektiven nachhaltigen Überlebens. Wir müssen den Anforderungen unserer Ökosysteme gerecht werden. Wir sind auf Ökosystemgerechtigkeit beziehungsweise *Nachhaltigkeitsgerechtigkeit* unseres Denkens und Handelns von lokaler bis planetarer Ebene angewiesen.

In Bezug auf die menschlichen Systeme werden wir gerade heimgesucht von einer Retardierung auf gruppenegoistische Denkweisen in unterschiedlichen Ausprägungen. Erstaunlich viele Menschen nehmen noch einmal Zuflucht zu einem Gerechtigkeitsverständnis, das nur »Gerechtigkeit für uns«, für die eigene Identitätsgruppe sichern möchte, weil ihnen »Gerechtigkeit für alle« oder »Wohlstand für alle« auf globaler Ebene nicht realisierbar erscheint. Daher steht im Zentrum meiner weiteren Ausführungen genau diese Frage.

Mein Definitionsvorschlag für Gerechtigkeit auf der Ebene menschlicher Systeme, also im zwischenmenschlichen Miteinander von bilateral bis global, lautet: *Gerechtigkeit ist die Kunst, der optimalen Potenzialentfaltung jedes Menschen immer besser gerecht zu werden.* Ein solches Verständnis geht sehr weit über reine »Gleichheit von Chancen« hinaus, denn es fordert uns zur offensiven Achtsamkeit für die sehr unterschiedlichen Wege der Potenzialentfaltung jedes Menschen heraus – was nebenbei auch unsere Erkenntnisse und Fähigkeiten zu unserer eigenen Potenzialentfaltung optimal erweitert. *Potenzialentfaltungsgerechtigkeit* ist somit – ebenso wie Ökosystemgerechtigkeit – ein neues *systemisches* Verständnis von Gerechtigkeit: Der Potenzialentfaltung des Systems Mensch und des Systems Menschheit immer besser gerecht zu werden bedeutet, deren Gestaltungspotenzial optimal weiterzuentwickeln. Das Gestaltungspotenzial einer einzelnen Zelle bleibt außerordentlich bescheiden ohne Verknüpfung in einem Ökosystem eines Mehrzellers und erst recht im Vergleich zur Wechselwirkung im Ökosystem Erde. Das Gestaltungspotenzial eines Menschen erweitert sich mit jeder Stufe von Communitys, von der Familie bis zur staatlichen Gemeinschaft, und erfährt mit dem System der Menschheit und den fundamentalen Erleichterungen des Austauschs in alle Facetten dieses globalen sozialen Systems eine exponentielle Steigerung. Gerechtigkeit ohne die eindeutige Ausrichtung auf das Gesamtsystem Erde und auf das unteilbare Gesamtsystem Menschheit ist heute absolut unmöglich, und auch Wohlstand ohne Ausrichtung auf diese beiden Systemebenen wird schlicht nicht mehr funktionieren, sondern würde immer neue und weiter eskalierende Konflikte und unkontrollierbare katastrophale Nebenwirkungen hervorrufen.

2. Die neuen Dimensionen von Wohlstand

Auf der Basis dieses systemisch erweiterten Verständnisses von Gerechtigkeit definiert sich auch Wohlstand anders. Wohlstand ist dann nicht einfach nur ein Gradmesser des Zwischenstands des eigenen Wohls oder des durchschnittlichen Wohls eines Landes. Wohlstand beschreibt in systemischer Sicht die *dynamische Qualität unseres Umgangs mit den Teilsystemen*, in denen der Mensch lebt.

Welche unermesslichen Wohlstandsweiterentwicklungen mit dieser Sicht vor uns liegen und von uns aktiv und offensiv gestaltet werden können, steht im Zentrum dieses Beitrags und wird gleich für jede der folgenden zentralen Wohlstandsfaktoren näher ausgeführt. Hier zunächst die allgemeine systemische Definition einiger der wichtigsten Wohlstandsfaktoren: **113**

- *Ökosystemwohlstand* beziehungsweise *ökologischer Nachhaltigkeitswohlstand* bedeutet dann: Wie gut können wir mit einem Ökosystem oder letztlich mit allen Ökosystemen umgehen, so dass wir von deren unermesslich großen Potenzialen sinnvollen Nutzen für unsere Weiterentwicklung ziehen können, und zwar *nachhaltig*, also unter vollem Erhalt von deren Potenzialen.

- *Bildungswohlstand* bedeutet in dieser Sicht nicht nur Zugang zum heutigen Bildungssystem, sondern die offensive Weiterentwicklung der Potenzialentfaltungsqualitäten von Bildung, bei denen wir bei weitem nicht an die Grenzen gestoßen sind.

- *Sozialer Wohlstand* bedeutet die Entwicklung einer Kultur sozialer Innovationen, bei der wir auf die Neu- und Weiterentwicklung von sozialen Innovationen genauso viel Wert legen und genauso viel Wertsteigerungspotenzial erkennen wie bei technologischen Innovationen. Sozialer Wohlstand ist daher viel mehr und viel dynamischer als der uns bekannte Sozialstaat. Sozialer Wohlstand kommt erst dann zur vollen Entfaltungsdynamik, wenn jeder Mensch sein Potenzial zur Mitentwicklung von sozialen Innovationen entfaltet, also Changemaker wird.

- *Gemeinwohlstand* ist jener Wohlstand, der aus einer neuen Qualität von Gemeinwohlorientierung entsteht. Ein klug verstandener Gemeinwohlstand ist der effektivste Wohlstandsweiterentwickler nicht nur für den allgemeinen Wohlstand, sondern auch für die Wohlstandsentwicklung jedes einzelnen Individuums.

- *Vernetzungswohlstand* weitet die Synergien zwischen Menschen und zwischen allen Systemen aus. Die digitalen Vernetzungsmöglichkeiten eröffnen hier noch kaum fassbare Synergiewelten, wenn wir lernen, damit klug umzugehen.
- *Finanzwohlstand* bedeutet im Kern die Frage, wie wir allen Menschen möglichst gute Entfaltungspotenziale auch durch den weiterhin wichtigen Wohlstandsfaktor der Verfügung über Finanzmittel ermöglichen. Auch hier ist unser heutiges System Lichtjahre von sinnvollen und optimalen Zuständen entfernt. Mit sehr einfachen Maßnahmen lässt sich auch eine fundamental neue Qualität von Finanz-»Wohlstand für alle« erreichen.
- *Demokratiewohlstand* meint eine tiefgreifende Weiterentwicklung unseres heutigen Verständnisses von Demokratie und von Politikgestaltung. Die aktiven Partizipationsmöglichkeiten jedes Menschen sind noch nicht einmal in Bruchteilen ausgeschöpft. Die Entfaltung und Nutzung dieser Potenziale zu echter Mitverantwortung und Mitgestaltung aller »Polis«-Systeme durch alle wird eine völlig neue Dimension von Demokratie und Politikgestaltung eröffnen – und zwar auf allen Ebenen von der lokalen bis zur globalen.
- *Wertewohlstand* ist letztlich der Kern jeglichen Wohlstandsverständnisses. Unser Werteset bestimmt unsere Haltung und unsere Handlungen gegenüber allem und entscheidet damit über den Wert aller denkbaren Wohlstandsfaktoren. Gleichzeitig war Ethos schon zu allen Zeiten und grundsätzlich Weltethos. Bereits Sokrates wies es zurück, dass er eine begrenzte Identität unterhalb

der Ebene der Menschheit habe. Er fühlte, dachte und handelte in der Identität und mit dem Ethos eines Weltbürgers. Spätestens mit dem Eintritt in das Zeitalter der Globalisierung aller Lebensbereiche ist es die absolut zukunftsentscheidende Zivilisationsaufgabe, Ethos und alle Werte grundsätzlich global zu denken. Eine Identität, eine Haltung, ein Ethos, das sich nicht auf das Wohl aller, also letztlich auf das Wohl der Menschheit als Ganzes, ausrichtet, verrät die Unteilbarkeit aller Systeme und die Unteilbarkeit und den Sinn von Werten. Ohne das Verständnis eines Weltethos und einer Weltidentität als Fundament aller Werte und Identitäten und Loyalitäten bricht die Weltgemeinschaft auseinander und mutieren Wirtschaft, Politik und jeglicher andere Bereich menschlichen Lebens zu Schlachtfeldern von Partikularinteressen. »Ethos« im »Wir zuerst«-Modus ist im Zeitalter einer längst zutiefst global miteinander verbundenen Weltgemeinschaft keineswegs nur Zerstörung von »Political Correctness«, sondern ist Mafia-Ethos in all seinen bekannten alten und neuen Erscheinungsformen von Kreuzzügen, Kolonialismus und Genozid bis IS, ist also Fundamentalzerstörung jeglicher Werte. Ethos in Wirtschaft und Politik bedeuten heute im Kern: Transformation von Economy zu einer WEconomy und von Policy zu einer WEpolicy. Wertewohlstand bedeutet ferner auf der persönlichen und zwischenmenschlichen Ebene die beste Weiterentwicklung der eigenen WeQuality, der Beziehungskultur von Wertschätzung, Begleitung, Ermutigung, Offenheit, Teamgeist und vielem mehr. Wertewohlstand in diesem universalisierten Verständnis ist somit die innere Versicherungsanstalt für eine gute Entfaltung aller nachfolgend beschriebenen neuen Dimensionen von Wohlstandsfaktoren.

3. Die menschlichen Potenziale – so unerschöpflich wie die Sonnenenergie

Franz Alt hat uns gezeigt: Wir haben kein Energieproblem. Energie ist in Überfülle vorhanden, und zwar saubere und erneuerbare. Auch die Technik für eine sehr schnelle und vollständige Umstellung auf erneuerbare Energien ist inzwischen längst vorhanden und wird jeden Tag weiter perfektioniert. Das Einzige, was wir noch leisten müssen, ist die Klarheit der Entscheidung für die schnelle und vollständige Umstellung auf saubere und erneuerbare Energien.

Dasselbe gilt für die menschlichen Potenziale, die das Entwicklungsvermögen jedes Individuums und jeder Gemeinschaft und Gesellschaft so stark wie nie zuvor voranbringen können und die Grundlage menschlichen Wohlstands und Wohlergehens in bisher nicht gekannter Qualität bilden. Wir haben kein Wohlstandsproblem, denn menschliche Potenziale sind in Überfülle vorhanden und sehr schnell und sehr unmittelbar aktivierbar. Und auch hier ist es unvergleichlich klüger, wenn wir uns für deren »saubere« Nutzung entscheiden: für Kooperation statt Konfrontation, für Gemeinwohlorientierung statt kurzsichtigen Eigennutz, kurz für WeQ – More than IQ. Wir-Qualitäten führen jeden Einzelnen wie auch jede Gemeinschaft sehr viel weiter als jeder Kult um Ich-Qualitäten, wie die atemberaubenden Erfolgsgeschichten von Hunderten von neueren WeQ-Trends in allen Bereichen menschlichen Lebens zeigen. Auch hier gilt: Das Einzige, was wir noch leisten müssen, ist die Klarheit der Entscheidung für die schnelle und vollständige Umstellung von kompetitiver zu kollaborativer Potenzialentfaltung.

Die Aufgabe, die wir uns vornehmen sollten und zu der diese Grundsatzerklärung einladen will, ist: *beides miteinander zu verbinden*, denn: Die Orientierung auf 100 Prozent erneuerbare Energien und Kreislaufwirtschaft *plus* die Orientierung auf umfassende Potenzialentfaltung *aller* Menschen mit *allen* ihren vielfältigen Qualitäten, und insbesondere ihren Qualitäten in der Zusammenarbeit von kleinen Teams bis weltweiten Netzwerken, eröffnen völlig neue Welten und Dimensionen von Wohlstand. Nachhaltige Ökonomie schafft Freiräume für auch weiterhin materielle Entwicklungen, wo sie nötig und sinnvoll ist. Und nachhaltige Potenzialentfaltung im Verständnis von »WeQ – More than IQ« schafft Freiräume und Motivation für die Ausgestaltung reicher nichtmaterieller Wohlstandsdimensionen, für Innovationsentwicklungen im Sinne von Nachhaltigkeit und Gemeinwohl und vieles mehr, kurz: für ein neues, reichhaltigeres und ganzheitlicheres Wohlstandsverständnis. Beides stützt und stärkt sich also wechselseitig.

4. Faktor 50 und noch viel mehr

Wenn wir uns die nachfolgenden Fakten und Zusammenhänge ansehen, werden wir schnell erkennen, wie wichtig und richtig es ist, den Schlüsselbegriff der Gerechtigkeit ab sofort auch konsequent auf die Dimension der menschlichen Potenzialentfaltung anzuwenden im Sinne von: Gerechtigkeit ist, was der Entfaltung der menschlichen Potenziale gerecht wird.

So verstandene Gerechtigkeit wird den Wohlstand pro Erdenbürger in den nächsten 100 Jahren nicht nur um den Faktor 4 erhöhen, sondern um den Faktor 50 oder noch sehr viel mehr.

Mit welchen grundlegenden Maßnahmen werden wir diesem neuen Gerechtigkeits- und Wohlstandsverständnis gerecht, und wo liegen die größten und wertvollsten unausgeschöpften Potenzialentfaltungsmöglichkeiten und somit Wohlstandsentfaltungspotenziale der Menschheit für die nächsten Dekaden?

Erstens: Noch immer sind die Hälfte bis drei Viertel der Menschheit sehr weit entfernt von einer auch nur annähernd guten Bildung und Ausbildung entsprechend der klassischen Bildungskriterien. Schon allein auf der Basis einer Bildungsoffensive entsprechend klassischer Wissensbildung haben ganze Länder innerhalb der letzten 50 Jahre das Durchschnittseinkommen ihrer Bewohner bereits bis zum Faktor 100 erhöhen können.

Zweitens: Menschen, die ihre Denk-, Lern- und Arbeitsweise bereits vom traditionellen IQ- zu einem WeQ-Modus verändert haben, haben ihre Potenzialentfaltung und Selbstwirksamkeit in kurzer Zeit vervielfacht. Eine rasend schnell sich entwickelnde neue Welt von sozialen und Bildungsinnovationen bereitet derzeit den Wechsel von der bisherigen Wissensbildung zu einer neuartigen *Schlüsselkompetenzenbildung* vor, die die umfassende Potenzialentfaltung *jedes* Menschen in noch nicht abschätzbarer Qualität ausweiten wird. Anfängliche Schätzungen gehen hier von einer *zusätzlichen* weltweiten Potenzialentfaltung von mindestens Faktor 10 bis zu einem Vielfachen davon aus.

Drittens: Wer Zugang zu den jeweils neuen technologischen Möglichkeiten hatte – beispielsweise zu Kommunikationsmitteln wie Büchern, Telefon, Internet oder zu Verkehrsinfrastruktur –, der hatte immense Vorteile bei der weiteren Entfaltung seiner Potenziale und seines Wohlstands. Dieser Zugang war jedoch immer zunächst ein Privileg für einen kleinen Teil der Menschheit. Für jenen Teil der Menschheit, der einen Großteil der jeweils neuesten technischen Möglichkeiten für sich nutzen konnte, hat sich der Wohlstand in den letzten 100 Jahren um den Faktor 20 bis 50 erhöht. Wenn nicht nur ein minimaler Anteil der Menschheit die heutigen und die weiteren sich entwickelnden technologischen Möglichkeiten nutzen kann, sondern alle, und wenn nicht nur der heute noch sehr kleine Teil der Menschheit die technologischen Entwicklungen weiter vorantreiben kann, sondern ein vielfach größerer Teil der Menschheit aus den heute noch relativ gering entwickelten Ländern, bedeutet dies ein weiteres zusätzliches globales Entwicklungspotenzial um den Faktor 10 bis 30.

Viertens: Technologische Entwicklungen erfahren durch die gerade erst begonnene, vor allem digital gestützte sogenannte Vierte Industrielle Revolution einen nochmaligen massiven Entwicklungsschub. Deren Wohlstandssteigerungspotenzial kann heute unmöglich abgesehen werden. Wenn dieser klug genutzt und gesteuert wird, kann mit den neuen technischen Möglichkeiten trotz der immensen möglichen Wohlstandseffekte gleichzeitig auch der Ressourcenverbrauch so radikal gesenkt werden, dass ein nachhaltiges Wirtschaften keine Illusion, sondern gestaltbar ist. Die Kosten für die neuen technologischen

Wohlstandswunderwerkzeuge sinken so radikal, dass sich bald jeder fast alle davon leisten kann, und die erforderliche menschliche Arbeit wird so radikal von stupiden Arbeitsgängen befreit, dass jeder sich auf die massive Entfaltung seiner kreativen Potenziale, seiner sozialen, kollaborativen und sonstigen besten menschlichen Kompetenzen konzentrieren kann. In der Summe liegen hier erneut sehr hohe Multiplikationsfaktoren vor uns, und dies bei gleichzeitiger Realisierung einer vollständig nachhaltigen Ökonomie.

Es sei hier noch einmal wiederholt, dass wir bei derartigen Multiplikationsfaktoren bei der Wohlstandsentwicklung nicht nur von materiellem Wohlstand sprechen, sondern von einem Wohlstand, der sich *auch* sehr stark in jene Bereiche fortentwickelt, wo Wohlergehen durch nicht käuflich erwerbbare Produkte und Dienstleistungen definiert ist.

Wenn in Talkshows oder politischen Diskursen über Gerechtigkeit gesprochen wird, so meist in radikaler Verkürzung auf *materiellen* Wohlstand und auf *Verteilungs*gerechtigkeit. Die Frage einer gerechten Verteilung des Weltvermögens ist selbstredend sehr wichtig, erst recht in einer neoliberal derart absurd radikalisierten Welt, dass jeder der 8 Reichsten so viel Vermögen hat wie jeweils 450 Millionen Menschen aus der Gruppe der Ärmsten. Das entspricht dem Verhältnis von einem Menschen zur Einwohnerzahl Europas! Jedes Gefasel über »fairen Wettbewerb« verbietet sich bei einer solchen Vermögensverteilung, denn selbstverständlich hat derartige Vermögensungerechtigkeit und Vermögenskonzentration ein höchst gefährliches Maß an Machtkonzentration zur Folge. Und selbstverständlich wird diese auch dazu genutzt, das eigene Vermögen zu verteidigen und noch weiter auszubauen und andere in Abhängigkeit zu halten oder auf möglichst großer Distanz in deren aufholender Entwicklung.

Glauben wir niemandem mehr, dass es irgendeinen Grund für Zukunftsängste um die Chancen auf immens positive Zukunftsentwicklungen für alle gibt. Richten wir offenen und neugierigen Auges unsere Aufmerksamkeit auf die Frage, welches »Vermögen« jedem Menschen innewohnt. Welches Potenzialentfaltungsvermögen steckt in jedem Menschen, wenn die Entwicklungsbedingungen in einer Gesellschaft konsequent darauf ausgerichtet sind, seiner bestmöglichen persönlichen Potenzialentfaltung gerecht zu werden? Wenn wir diesem Gedanken folgen, erkennen wir sehr schnell, dass wir bis heute noch nicht einmal einem einzigen Prozent des menschlichen und menschheitlichen Potenzials zur Entfaltung verholfen haben.

1. Nicht die Menschen sind dumm – dumm ist vielmehr, Menschen nicht die bestmögliche Bildung zu ermöglichen

Zugang zu guter Bildung und Ausbildung war schon immer eine Schlüsselfrage für die Entfaltung der Potenziale, die in uns Menschen stecken. Die Bedeutung dieses Zugangs nimmt immer weiter zu, denn wer hier die Zugänge hat oder sie sich hart erarbeitet, der hat beste Chancen auf steile Aufstiege und große Unabhängigkeit, und zwar auch dann, wenn er aus bildungsfernsten und ärmsten Verhältnissen kommt.

Doch noch hat der weitaus größte Teil der Menschheit sein Potenzial fast überhaupt nicht entwickeln können. Die davon betroffenen Menschen sind lebenslängliche Gefangene in einem System, in dem sie keine Zeit, kein Geld und keine Chance zu einem Ausstieg aus ihrem Dasein als Arbeitssklaven haben unter primitivsten und unwürdigsten Arbeits- und Lebensbedingungen.

Sage niemand, dass dies an deren Intelligenz und Entwicklungsfähigkeit liegt. Als Microsoft in den USA herausfinden wollte, wer zu den zehn besten und innovativsten Mitarbeitern der Belegschaft zählte, so war das Ergebnis für eines der weltbesten Innovationsunternehmen in der weltbesten Innovatorennation ernüchternd: Neun der zehn Besten waren keine Amerikaner, sondern Inder, und die meisten unter diesen kamen, trotz weiterhin starker heimischer Kastenbarrieren, aus unteren Schichten. In Bangladesch stiegen die Kinder der ersten Kreditnehmerinnen der Grameen Bank, die selbst nahezu alle Analphabetinnen und völlig mittellos waren, massenhaft zu den besten Hochschulabsolventen im Lande auf. In Kolumbien wurden die sozial und bildungsmäßig völlig Abgehängten in den entlegendsten ländlichen Regionen durch einen ungewöhnlichen Bildungsansatz ebenso massenhaft in kürzester Zeit zu einer neuen Bildungselite, die jede Universität in Lateinamerika mit Handkuss aufnahm. Beispiele dieser Art gibt es erstaunlich viele in allen Weltgegenden.

Welche Wertschöpfungsqualität wächst der Menschheit zu, wenn jene Massen der Menschheit, die heute »out of economy«, »out of education« und »out of any chance« sind, sich ähnlich gut entwickeln können wie jene in den heute besten Bildungseinrichtungen? Was, wenn auch in den westlichen Industrieländern die Abgehängten wesentlich bessere Entwicklungschancen erhielten? Auch dafür gibt es sehr viele sehr eindeutige und eindrucksvolle Erfolgsbeispiele.

Greifen wir zunächst die Potenzialentfaltungswirkung der Investition in klassische Bildung heraus.

2. Potenzialexplosionen ganzer Länder durch intensive Investition in Bildung

Finnland hatte Ende des 19. Jahrhunderts sehr wenig Entwicklungspotenzial zu bieten: ungünstiges Klima, saure Moorböden, kurze Vegetationsperiode, abseitige Lage, schwierige Sprache, kaum Infrastruktur, wenige Städte, wenige und sehr verstreut in vor allem kleindörflichen Verhältnissen lebende Bewohner. Bei damals gerade einmal 500 Lehrern für 1,7 Millionen Menschen entschied sich die Regierung nach einer großen dreijährigen Hungerkatastrophe 1870 ausgerechnet für eine flächendeckende Alphabetisierung. In nur einer Generation wurde Finnland von einem Land mit weit über 90-prozentiger Analphabetenquote zu einem vollständig alphabetisierten Land. Zunächst hatte dies noch kaum Auswirkungen auf den materiellen Wohlstand, aber der Gesundheitszustand der Bevölkerung, der Status der Frauen, die gesellschaftliche Partizipation und viele weitere nicht-materiellen Wohlstandsfaktoren verbesserten sich drastisch. Insbesondere die Bildung entwickelte sich im Vergleich zum Rest Europas bahnbrechend weiter. Bereits 1970 gab es mehr Frauen als Männer mit Abitur, ab 1972 wurde das gegliederte durch ein integriertes Schulsystem ersetzt, die Schulen erhielten sehr große Autonomie von den Lehrplänen bis zur Auswahl der Lehrer. Und 2015 wurden die Schulfächer abgeschafft zugunsten fächerübergreifenden Lernens in Projekten. Das Ergebnis: Finnland entwickelte sich von einem der ärmsten zu einem der gebildetsten, bildungsinnovativsten und wohlhabendsten Länder der Welt.

Malaysia hatte in den 1960er-Jahren keine einzige Hochschule und kein einziges Gymnasium. Weitaus die meisten Bürger dieses Landes waren Analphabeten. In den globalen Bildungsstatistiken lag es auf den hintersten Plätzen. Dann entschied die Regierung, in Bildung zu investieren, und zwar mehr als jeder andere Staat in der Welt zu jener Zeit. Das Ergebnis war ein Aufblühen des Landes, das alles, was die Menschheit bis dahin kannte, in den Schatten stellte. Wie aus dem Nichts wuchs eine sehr breit und gut ausgebildete Bevölkerung heran mit einem für Entwicklungsländer ganz ungewöhnlich hohen Anteil an höheren Schulen und Universitäten. Die Wirtschaft wies lange vor dem chinesischen Boom Wachstumsraten auf, wie sie kein Land des Westens zu seinen besten Zeiten erreichte. Diese Fundamentalverwandlung durch Bildung nahm nicht mehr als 20 Jahre in Anspruch.

Noch viel schneller und atemberaubender ging die Entwicklung im bettelarmen Singapur, dessen Pro-Kopf-Einkommen zum Zeitpunkt der Unabhängigkeit 1963 bei 427 US-Dollar pro Jahr lag. Der erste Regierungschef Lee Kuang Yew setzte – inspiriert durch den Erfolg des Nachbarlands Malaysia – auf einen bis dahin einzigartigen Bildungsfeldzug. Bereits 1970 erhielten alle Kinder eine Grundschulbildung und nur zehn Jahre später war Singapur eine der führenden Wissensgesellschaften. 80 Prozent der Bevölkerung erreicht einen Hochschulabschluss, was Weltrekord bedeutet. 100.000 ausländische Studenten kommen nach Singapur, viele bleiben im Land, andere bleiben mit ihren künftigen Tätigkeiten mit dem Land verbunden. Kein Land hat im Vergleich zur eigenen Bevölkerungszahl so viele ausländische Studierende. Singapur gehört zur Weltspitze in der Forschung in IT- und Biotechnologie sowie in der Medizin. Die Hälfte aller Exporte kommt aus dem Hightech-Segment, das dreifach höher liegt als im Hightech-Land Deutschland. Und gleichzeitig sind die Öko-Ziele nirgendwo höher und radikaler gesetzt als in Singapur. In nur 50 Jahren hat sich das Durchschnittseinkommen um mehr als den Faktor 100 erhöht und liegt heute höher als in den USA.

Auch Chinas Aufstieg hat viel weniger mit deren massenhafter Billigproduktion zu tun. Dies war in der Tat ein Weg, um sich die Finanzierung eines massenhaften Bildungsaufstiegs zu organisieren. Heute »produziert« China jedes Jahr mehr als eine Million Ingenieure – und ist dadurch in der Lage, mit Siebenmeilenstiefeln sich modernstes Fortschrittswissen anzueignen, ökonomisch umzusetzen und selbst immer innovationsstärker zu werden. Kein Land der Welt griff mit größerer Neugier und fundamentalem Veränderungswillen die Methode des Design Thinking auf. Design Thinking ist eine teamorientierte, fehlerfreundliche und auf kollektive Intelligenz ausgerichtete Methode zur Entwicklung von Innovationen und war einer der Hauptgründe für den Aufstieg des Silicon Valley. China plant nach den derzeitigen erfolgreichen Testläufen mit Design Thinking an einer der großen Universitäten von Peking, diese Methode zum Pflichtfach an allen Universitäten und in allen Fachgebieten zu machen.

Alle genannten Gesellschaften und deren überwältigender Bevölkerungsanteil waren arm und ungebildet, aber offensichtlich äußerst lernwillig und lernfähig, als man ihnen »gerechte« Bildungschancen schuf.

Auch in Deutschland war übrigens die Wirtschaftsentwicklung am besten, als der Fokus auf der Förderung der Entwicklungschancen und dabei beginnend mit einer guten Bildung für alle lag. Es war dies die Zeit der Hochblüte der sozialen Marktwirtschaft nach Ludwig Erhards Leitidee eines »Wohlstands für alle«. Der Bildungszugang für Arbeiterkinder und damit deren soziale Aufstiegschancen haben sich in jener Zeit erheblich verbessert. Auch die letzte bedeutende Bildungsinnovation in Deutschland, die duale Bildung, stammt aus dieser Zeit. Seit 30 Jahren verliert aber

Deutschland in Sachen Bildung immer mehr an Boden. Dieses Land ist dabei, sein wahres Vermögen – die Entfaltung der Potenziale seiner Bürger in großer Breite – zu verspielen. In keinem europäischen Land hängt der schulische Aufstieg so sehr vom Geldbeutel der Eltern ab. Die Zahl der sich insgesamt abgehängt Fühlenden nimmt zu, das Gefühl, in seiner Entwicklung angemessen gefördert zu werden, hingegen ab. Die Bildungsinstitutionen erweisen sich als wenig reformfreudig, Strukturen im Bildungswesen sind im internationalen Vergleich erstaunlich starr. Das größte Versäumnis ist jedoch das Festhalten an einem längst überholten Pauk- und Bulimielernen, mehr noch, die Verschärfung eines darauf ausgerichteten Konkurrenzlernens. Man paukt auf Prüfungen, vergisst, wie alle einschlägigen Studien zeigen, das Allermeiste wieder in erstaunlich kurzer Zeit, erhält dafür Leistungsnachweise, von denen die eigene Karriere abhängt, die aber nichts darüber aussagen, wie gut man das schnell erworbene und schnell wieder vergessene Wissen auf Aufgaben im praktischen Leben anwenden kann und wie gut man dieses in die Zusammenarbeit mit Kollegen einbringen und dort gemeinsam nutzen und weiterentwickeln kann. Für das Lernen und Arbeiten in und mit Teams bleibt in unseren Bildungseinrichtungen ja immer weniger Zeit.

Dabei eröffnen weitere technologische, aber insbesondere auch digitale und soziale Innovationen weltweit eine noch einmal gewaltige Verbesserung für die Entfaltung der individuellen wie auch der kollektiven Entwicklungspotenziale – weit über die Auswirkungen einer weiteren Ausbreitung klassischer Bildung hinaus, die sich vor allem noch als reine Wissensvermittlung versteht. Wenn sich Deutschland beispielsweise dazu entschließen würde, die nachfolgenden Bildungsinnovationen offensiv in die Bildungskonzepte in allen Bundesländern einzubauen und dafür die Bildungsetats drastisch zu erhöhen, dann wäre dies auch für dieses vergleichsweise hochentwickelte Land die beste aller denkbaren Zukunftsinvestitionen, die sich in kürzester Zeit volkswirtschaftlich rechnen würde. Mit den nachfolgend beschriebenen Bildungsinnovationen ließen sich auch die Abgehängten wieder mitnehmen und auf den Pfad aktiver Lebensgestaltung zurückbringen.

3. Online-Learning, das »Recht auf beste Bildung für alle« und die neuen Freiräume für soziale, kreative und Anwendungskompetenzen

Im Bereich der Bildung hat Salman Khan, der gar keine Lehrerausbildung besaß, aber ein begnadeter Erklärer ist, die vermutlich bedeutendste Bildungsrevolution der bisherigen Menschheitsgeschichte auf den Weg gebracht. Er erklärte zunächst nur ein paar Mathe-Themen in jeweils 10-minütigen Videosequenzen für seine Nichte und stellte diese online. So konnten auch andere diese Erklärvideos ansehen. Seine Kunst in der Vermittlung auch schwieriger Sachverhalte sprach sich schnell herum und in wenigen Jahren entwickelte er ganz alleine mehr als 4.000 solcher Lernvideos zu nahezu allen wichtigen Wissensgebieten in allen Schularten und stellte sie auf seine dafür eingerichtete Lernplattform khanacademy.org. Sein Prinzip war, dass jede Lektion grundsätzlich nicht länger sein sollte als 10 Minuten, um auf diese Weise im Zeitrahmen der optimalen Aufnahmefähigkeit zu bleiben. Heute hat die Khan Academy bereits 45 Millionen Schülerinnen und Schüler weltweit. Seit einiger Zeit wird sein Projekt von der Gates Foundation gefördert und seine Lernvideos werden derzeit in alle wichtigen Sprachen der Welt übersetzt.

Was ist das Revolutionäre an dieser Neuerung? Salman Khan hat sich die Verwirklichung des »Rechts auf *beste* Bildung für *alle*« vorgenommen. Seine Lernvideos sind kostenlos. Jeder kann in diese Weltschule des Weltwissens gehen, und zwar jederzeit und überall, wo es einen Internetzugang gibt. Jeder kann sich jedes Kapitel so oft ansehen, bis er es vollkommen verstanden hat. Dies wird ferner durch besondere Programmierungen von Übungseinheiten unterstützt. Bei Übungen zu beispielsweise einer Infinitesimalrechnung erhält man nicht nur die Rückmeldung über die Fehler, sondern den Hinweis auf die vermutlichen Fehlerquellen und die entsprechenden Erklärvideos, mit denen man diese beheben kann. Auf diese Weise kann sich jeder jederzeit jede Lücke im Verstehen jedes beliebigen Lernfelds vollständig schließen. Jeder kann sein Lernen bis zum vollständigen Verstehen und zur sicheren und routinierten Anwendung führen. Das Plädoyer Salman Khans für das Recht auf »beste Bildung für alle« meint daher insbesondere auch das Recht auf »*vollständiges* Verstehen *aller* lebenswichtigen Themen für *alle* Menschen«.

Untersuchungen haben ergeben, dass bei seinen Erklärungen in 10 Minuten so viel vermittelt und verstanden wird wie sonst in 45-minütigen Unterrichtsstunden. 35 Minuten pro Unterrichtseinheit werden somit frei für eine andere Art des Lernens: die Anwendung in praktischen Projekten, den kreativen Umgang mit dem erworbenen Wissen, die Zusammenarbeit in

Teams bei diesen Prozessen und insgesamt den Erwerb von jenen Kompetenzen, die heute in unseren Schulen viel zu kurz kommen, aber in der Lebens- und Berufspraxis immer wichtiger werden: soziale, kreative, praktische, Team-, Recherche-, Vernetzungs- und Projektmanagementkompetenzen oder auch des Lernens von Design Thinking. Lehrer werden so von Wissensvermittlern zu Lernbegleitern sowie Kompetenzen-Coaches bei der lebenspraktischen Anwendung des Wissens.

Durch die damit verbundene viel frühere und umfassendere Verantwortungsübernahme werden Schüler zu weit aktiveren Changemakern und Lebensunternehmern in ihrem Umfeld und insbesondere auch für ihr eigenes Leben. Sie sind nicht mehr länger darauf angewiesen, dass sie mit einer einmal erworbenen Spezialkompetenz und Spezialausbildung durch ein immer längeres Leben kommen müssen. Sie erwerben letztlich eine lebenslange Resilienzkompetenz, also die permanente hohe Anpassungsfähigkeit an sich wandelnde Herausforderungen.

Schüler, die unter solchen Vorzeichen lernen, sind ferner auch unvergleichbar motivierter, selbst schon aktiv gesellschaftliche Verantwortung zu übernehmen und neue innovative Lösungen zu entwickeln und umzusetzen. An einer Berliner Schule führte dies beispielsweise dazu, dass Schüler kurzerhand eine Lehrerfortbildung entwickelten, mit der sie Lehrern vermitteln, wie diese ihre Schüler besser motivieren können und wie Schüler allgemein motivierter lernen. Viele Tausend Lehrer, die daran bisher teilnahmen, meinten, noch nie so substanziell und unmittelbar Brauchbares für ihren Unterricht gelernt zu haben.

Auch im universitären Bereich findet diese doppelte Bildungsrevolution statt: Die Wissensvermittlung und Erklärung neuer Inhalte verlagert sich immer mehr auf Online-Learning-Plattformen und dadurch wächst der Freiraum für die Anwendung des Wissens in Team- und Projektarbeit. Professoren der besten Hochschulen stellen immer häufiger ihre Vorlesungen kostenfrei oder gegen geringe Gebühren ins Internet, so dass auch der Zugang zu jeglichem Spezial- und Topwissen plötzlich für alle eröffnet wird, ohne dass man dafür irgendwelche Zugangsberechtigungen oder das Geld für Eliteeinrichtungen braucht. Gleichzeitig stellen sich Hochschulen wie beispielsweise die SRH Heidelberg darauf ein, ihre Studenten bei der Anwendung des Wissens in realen Aufgaben in Unternehmen oder der Gesellschaft zu begleiten. Man hat dort verstanden: Lernen von Wissen ohne Lernen von dessen erfolgreicher praktischer Umsetzung ist nicht einmal ein halbes Lernen, es hat die Wertigkeit von Trockenschwimmen. Zugang zu weltbester Bildung für alle, verknüpft mit einer völlig neuen Qualität des Erwerbs von lebenspraktischen und gestaltungsmächtigen Umsetzungskompetenzen, ist auch hier die neue Maxime.

Wir müssen unsere Bildungskonzeptionen und Bildungseinrichtungen sehr grundlegend auf den Prüfstand stellen und für völlig neue Ideen öffnen. Ein paar praktische Beispiele:

Warum setzen wir bei der Vermittlung des jeweils aktuellen Stands und Bedarfs an digitalen Kompetenzen nicht viel mehr auf Peer-to-Peer-Lernen, also das Lernen durch und mit gleichaltrigen »Digital Natives« in der Klasse, außerhalb der Klasse und in und mit digitalen Lerncommunitys? Lehrer sollten hier einfach mitlernen und diese Prozesse mit ihrem allgemeinen Wissen und ihrer allgemeinen Lebenserfahrung begleiten.

Warum öffnen wir unsere Schulen nicht generell mehr für Angebote von erfahrenen Praktikern von außen – von Künstlern bis Unternehmern, von Handwerkern bis zum Beispiel Autoren und Journalisten? An einer Schule in Tschechien, die weder Wirtschafts- noch Eliteschule ist, bot ein pensionierter Unternehmensberater Kurse an – mit dem Ergebnis, dass Dutzende von Schülern bereits neben der Schule mit Unternehmensgründungen begannen, von denen mehrere heute Weltmarktführer sind. Nichts motiviert mehr als erfahrene Lebenspraxis.

Warum gründen wir an Schulen und Universitäten nicht systematisch und flächendeckend »Maker-Garagen«, in denen die dortigen Schüler und Studenten – und sehr gerne auch sonstige Personen von außen, beispielsweise Lernmotivierte aus Unternehmen – mit modernen technologischen Gerätschaften wie 3-D-Druckern und Software auf jeweils aktuellem Stand arbeiten, experimentieren, entwickeln können? Solche »Zukunftslabore für alle« können – klug konzipiert und begleitet – Zukunftstechnologie allen zugänglich und nutzbar machen, alle mitnehmen und alle in die Lage versetzen, mitzudenken und mitzubestimmen, wie wir als Gemeinschaft und Gesellschaft damit umgehen sollten.

4. Die vierfache Bildungsrevolution

Wie viel Potenzial wird freigesetzt, wenn – insbesondere dank digitaler Bildungsangebote erheblich erleichtert und zu einem Bruchteil heutiger Kosten – die *gesamte* Menschheit Zugang zu lebenslanger und lebensbegleitender Wissensbildung erhält? Wie viel Potenzial wird freigesetzt, wenn alle Menschen den Lernstoff bis zum vollständigen Verstehen aufnehmen können, ohne mehr Lernzeit einsetzen zu müssen als heute, eher sogar erheblich weniger? Wie viel Potenzial wird darüber hinaus freigesetzt, wenn die *Wissens*bildung um umfassende *Wirkungs*bildung, also die Vermittlung vielfältiger *Wirkungs*kompetenzen wie die genannten sozialen, kollaborativen und nicht zuletzt unternehmerischen Kompetenzen ergänzt wird? Hierzu hat Günter Faltin mit seinem Ansatz des »Citizen Entrepreneurship« den Weg bereitet, wie künftig jeder Mensch Vollblut- oder Teilzeit-Unternehmer werden kann. Mehr dazu später.

Um diese Frage beantworten zu können, müssen wir uns bewusst machen, dass sich die Menschheit in ein Zeitalter hineinbewegt, in dem Wissen und Umsetzungskompetenzen immer mehr zur einzig wirklich entscheidenden Ressource werden. Wer das notwendige Wissen und Können hat, sich fehlendes Wissen schnell zu organisieren, gute Innovationen oder Geschäftsmodelle selbst und in Teams entwickeln zu können, sich gut zu vernetzen, neue notwendige Kompetenzen rasch und verlässlich zu lernen, der kann sich weitaus unabhängiger bewegen als fast alle Menschen heute. Nur: *Wir alle* können uns auf diesen Weg weit größerer Freiräume und Unabhängigkeit begeben, erst recht, wenn wir dafür kämpfen und dafür sorgen, dass diese neue Dimension von Bildung zur höchsten Priorität von Politik und Zivilgesellschaft wird.

Wenn wir diesen Weg gehen, wird sich das Potenzial jedes einzelnen Menschen um ein hohes Vielfaches erhöhen und das der Menschheit durch eine neue Qualität kollaborativer Zusammenarbeit noch einmal erheblich mehr.

Auch in dieser Disziplin der kollaborativen Zusammenarbeit befindet sich ein Teil der Menschheit mit erstaunlichem Entwicklungstempo bereits auf bestem Wege. Mit einer Studie untersuchte ich im Genisis-Institut mehr als 200 jüngere Trends, von denen viele einzelne bereits für sich genommen mittlere Weltrevolutionen bedeuten. Alle dabei einbezogenen Trends haben zwei zentrale gemeinsame Merkmale: Sie vollziehen eine bemerkenswerte Wende weg von der Ich-Orientierung und hin zu einer konsequenten Gemeinwohl-Orientierung, und sie wechseln vom Modus individuellen Konkurrenzdenkens und -verhaltens zum Modus kollektiver Intelligenz und offenen kollaborativen Zusammenwirkens. Ich bezeichnete diese durchgängige Trendwende innerhalb sehr vieler Einzeltrends als WeQ-Megatrend im Sinne von »WeQ – More than IQ«, Wir-Qualitäten bringen allen sehr viel mehr als selbstsüchtige und sich abkapselnde Ich-Qualitäten. Und die Nutzung kollektiver und kollaborativer Intelligenz stärkt darüber hinaus auch jede individuelle Intelligenz und Qualität weitaus mehr als jeder Einzelstärkungsansatz.

Das Beispiel der Bildungsrevolution von Salman Khan repräsentiert einen dieser neuen Trends, der unter dem Namen »Open Learning« weltweit für Furore sorgt. Beste Bildung für alle, überall und zu jeder Zeit, bei höchster Verstehensqualität plus Vermittlung breiter Lebensschlüsselkompetenzen für alle und gleich-

zeitiger Überwindung der elitenschützenden Zugangs-
abschottung zu bester Bildung in entsprechend teuren
Bildungseinrichtungen – nichts Geringeres will und
gestaltet Salman Khan und inzwischen eine weltweite
Szene von Zehntausenden sogenannter Bildungsinno-
vatoren. Offene digitale Lernplattformen, Team-Le-
arning, Peer-to-Peer-Learning, Service-Learning,
Changemaker-Curriculum sind einige von sehr vielen
Einzelphänomenen in diesem einen revolutionären
Einzeltrend namens »Open Learning«.

Wie sehr hierdurch alles, was wir bisher über Bildung zu wissen meinen, im positivsten Sinne durch-
einandergerät, zeigt die Tatsache, dass die Ev. Schule
Berlin-Mitte, deren Schüler unter anderem auch die
erwähnte Lehrerfortbildung durch Schüler organisierten, 2013 den renommierten Preis der Karg-Stiftung
für Hochbegabtenförderung erhielten mit dieser Be-
gründung: »Die Evangelische Schule Berlin Zentrum
beweist eindrucksvoll, dass die Förderung von Jugendlichen mit besonderen Lern- und Leistungsbe-
dürfnissen nicht auf bestimmte Schulformen und
segregative Konzepte beschränkt sein darf. Eine bega-
bungsfördernde Pädagogik hat ihren Platz auch in Ge-
meinschaftsschulkonzepten. Hochbegabte sind an der
ESBZ Gestalter ihrer eigenen Bildungsbiografie – und
keine Objekte zur Erfüllung gesellschaftlicher Erwar-
tungen aller Art. Ihre Förderung dient keinem anderen
Zweck als ihrer Persönlichkeitsbildung.« Mit anderen
Worten: Der Preis für Hochbegabtenförderung ging
hier an eine Einrichtung, die die Hochbegabung *jedes*
Schülers fördert!

Wenn man alle hier skizzierten Veränderungen
und substanziellen Verbesserungen im Bereich der

Bildung zusammenfassen möchte, so kann man von einer vierfachen Bildungsrevolution sprechen, die die Kernfragen des »Wo«, des »Wie« und des »Was« man lernt, radikal neu beantwortet:

- *WO findet Lernen des 21. Jahrhunderts statt?* Letztlich überall. Wissen erwerben und Verstehen sich erarbeiten kann man heute über das Internet überall und zu jeder Zeit. Aber auch für das Lernen sozialer Kompetenzen und lebenspraktischer Anwendungskompetenzen ist es am besten, überall neue Orte zu schaffen, die für kreatives Lernen und kollaboratives Arbeiten grundlegend neu konzipiert sind. Wir nennen solche Orte WeQ Spaces. Wer eine Ahnung davon erhalten möchte, wie solche Orte sich von traditionellen Lernorten unterscheiden, lese das Buch »Network Thinking« von Ulrich Weinberg.
- *WIE läuft Lernen und Arbeiten im 21. Jahrhundert ab?* Möglichst optimal vernetzt mit dem gesamten Weltgehirn, mit der gesamten Weltkreativität und Weltgestaltungskraft, die man sich in Teams und durch Peer-to-Peer-Learning erschließt, nicht mehr als Einzelkämpfer. Es ist ein Lernen und Arbeiten im Flow des WeQ-Modus. Wer seine Vorstellung dieser neuen Lern- und Arbeitsweise konkretisieren möchte, lese eines der Bücher »EduAction« oder »Schulen im Aufbruch«, bei denen Margret Rasfeld jeweils die Hauptautorin ist.
- *WAS lernt man im 21. Jahrhundert?* WeQualities – jene Qualitäten und Kompetenzen, mit denen man in Teamlernen und Teamarbeit sich das jeweilige neue Wissen viel besser aneignen *und* anwenden kann. WeQ – soziale Kompetenzen,

kollektive Intelligenz, kollaborative Kreativität, Gemeinwohlorientierung – schlägt IQ bei weitem und stärkt in Zeiten großer Umbrüche die Selbstsicherheit für die persönliche und kollaborative *Anwendung* des Wissens des 21. Jahrhunderts.

- *WER lernt und wer lehrt im 21. Jahrhundert?* Ausnahmslos alle werden zu permanent Dazulernenden. Gleichzeitig werden die traditionellen Grenzen zwischen Lehrenden und Lernenden verschwimmen. Lehrende werden zu Lernbegleitern, zu Lerncoaches. Schüler und Studenten zu Teamlernende, zu Peer-to-Peer-Lernende-und-Lehrende und mehr. Arbeitende zu Working-Learners-and-Teachers, also zu lebenslang Dazulernenden in und mit ihren Arbeitsprozessen, und gleichzeitig auch zu permanenten Vermittlern ihres Wissens und ihrer Erfahrungen an Mitglieder ihrer Arbeitsteams, an Nachwuchskräfte und Interessierte in der Gesellschaft. In einem Wort: Alle lernen mit- und voneinander.

1. Die faszinierende Welt der sozialen Innovationen

Innerhalb des bereits skizzierten WeQ-Megatrends stellt »Social Entrepreneurship« beziehungsweise »Social Innovation« jenen bahnbrechenden Trend dar, der uns eine völlig neue Dynamik im Bereich des sozialen Wohlstands öffnet. Dies meint das Aufbrechen einer neuen weltweiten Innovatorenszene neben den technischen und digitalen Innovatoren: den sozialen Innovatoren. Inzwischen erkennen immer mehr Regierungen, dass soziale Innovationen absolut genauso wichtig sind wie technologische und digitale. Anfang 2014 lud die Bundeskanzlerin Angela Merkel 130 führende soziale Innovatoren aus 40 Ländern sowie führende Repräsentanten aus der klassischen High-Tech- und der jungen Digital-Innovation-Welt ins Kanzleramt und rief sie nicht nur zur unmittelbaren Zusammenarbeit auf gleicher Augenhöhe auf, sondern dazu, soziale, digitale und technologische Innovationen gleich von vorneweg zusammenzudenken und miteinander zu verknüpfen. Wie richtig dieser Ansatz ist, sei hier an einigen Beispielen illustriert:

Mit seiner sozialen Innovation der Genossenschaftsbank Grameen, die mit dem Konzept antrat, Kredite genau an jene zu vergeben, die alle Banken bis dahin als »kreditunwürdig« betrachteten, also an die Ärmsten, schufen Muhammad Yunus und sein Team in seinem Heimatland für 40 Millionen Menschen den Weg aus der Armutsfalle. Die Kreditnehmerinnen und Kreditnehmer, die bei ihrem ersten Kredit noch alle weit unter der offiziellen Armutsgrenze der Vereinten Nationen lagen, haben dank der Grameen-Kredite inzwischen nahezu zu 100 Prozent diese Armutsgrenze hinter sich gelassen. Inspiriert durch diesen Erfolg der »Bank für die Ärmsten« erlangten durch viele Nachahmerprojekte bis heute rund eine Milliarde Menschen Zugang zum »Menschenrecht auf Kredit«, der ihnen zuvor verwehrt war. Auf diesen Erfolg seiner ersten sozialen Innovation baute das Grameen-Team seither viele weitere Pionierprojekte auf, die den Weg der Kombination von sozialen, technologischen und digitalen Innovationen gingen.

Mit einem zweiten Unternehmen, Grameen Shakti (Energie), bot er der ländlichen Bevölkerung, die zuvor nur Zugang zu besonders dreckigen und teuren Energieformen wie Kerosin hatte, über die Vergabe entsprechender Mikrokredite den Zugang zu Solartechnologie an. Allein in Bangladesch gibt es heute fünf Millionen Solar Home Systems, die sich bereits nach vier Jahren amortisiert und damit spätestens ab diesem Zeitpunkt Franz Alts These wahrgemacht haben: Die Sonne schickt keine Rechnung. Die soziale Innovation von Mikrokrediten verlieh der technologischen Innovation von Solarsystemen erst die richtigen Flügel zu breitestmöglicher weltweiter Ausdehnung. Das Berliner Unternehmen MicroEnergy International entwickelte jüngst in Zusammenarbeit mit Grameen Shakti sowie weiteren Unternehmen für Solar Home Systems eine nächste Entwicklungsstufe dieses Ansatzes durch deren Verknüpfung mit digitaler Technologie: Die einzelnen Solar Home Systems in den Hütten der Dörfer werden durch Stromleitungen miteinander vernetzt und auch jene Hütten, die noch keine Solar Home Systems haben, werden einbezogen. Durch Smart Technology kann äußerst kostengünstig jederzeit genau festgestellt werden, welcher Solarenergieproduzent eines Solar Home Systems wie viel Energie an wen abgibt. So findet ein optimaler Einsatz der erzeugten Energie statt, jeder (mikrokredit-finanzierte) Inhaber eines Solar Home Systems kann überschüssige Energie an jene verkaufen, die noch keine solche Anlage haben oder einen höheren Bedarf als ihre vorhandene Anlage gerade leisten kann und – dies ist die bedeutendste Revolution dieses »Schwarm-Elektrifizierungs-Ansatzes«: Auf diese Weise entsteht ein Stromnetz von unten! Die Elektrifizierung der noch immer sehr weiten stromnetzfreien Armutsregionen der Welt kann nunmehr von unten entstehen!

Die große Leistung, die Muhammad Yunus in diesem Feld des breiten Zugangs zu Solartechnologie für die ein, zwei, drei Milliarden Ärmsten in der Welt vollbrachte, ist sein Umdenken von Spendenfinanzierung und sonstigen Formen der Subventionsabhängigkeit zu selbsttragend funktionierenden Social Businesses. Dadurch erschloss er der Solarindustrie riesige zusätzliche Märkte, denn Spenden- und Subventionsabhängigkeit limitiert die Ausbreitung von Produkten, die hohen Nutzen für die Ärmsten haben, auf winzige Bruchteile dessen, was mit marktwirtschaftlich funktionierenden Modellen wie die Vorfinanzierung durch Mikrokredite ermöglicht werden kann.

Dasselbe gilt für die weltweite Ausbreitung von Mobiltelefonen. Nicht die entsprechenden IT-Unternehmen erschlossen die sogenannten Armutsmärkte für ihre Technologie, sondern Muhammad Yunus musste sie erst sehr mühevoll davon überzeugen, dass Mobiltelefone nicht nur ein großer Segen für den Weg aus der Armut für einen Großteil der Menschheit sind, sondern dass auch in diesem Segment Marktwirtschaft funktioniere. Grameen Phone, ein Joint Venture der Grameen Bank mit Telenor, der norwegischen Telekom, ist heute das größte Unternehmen in Bangladesch. Nachdem sich der Erfolg von Grameen Phone herumgesprochen hatte, begann die rasend schnelle Ausbreitung von Telekommunikationstechnologie auch in allen anderen Armutsregionen und -märkten der Welt.

Über diesen Weg verbreitete sich nicht nur der Zugang zum Weltwissen im Internet sehr schnell auch in die ärmsten und entlegendsten Regionen der Welt. Digital gestützte soziale Innovationen bedeuten eine radikale Beschleunigung der Verbreitung von Wissen und Können in diese Regionen und gleichzeitig eine radikale Senkung des Aufwandes für deren Einsatz. Das Grameen-Team und viele weitere Sozialinnovatoren arbeiten daher intensiv an digital gestützten Lösungen für alle möglichen sozialen Herausforderungen. Ein Projekt von Grameen bildet beispielsweise Einheimische in entlegenen ländlichen Regionen zu Krankenschwestern aus, und ein Großteil der Ausbildung und des Coachings erfolgt über Smartphones. Durch dieses Grameen Projekt verbreitet sich Gesundheitswissen, Gesundheitskompetenz und der Aufbau eines Gesundheitssystems in ländlichen Armutregionen zu einem winzigen Bruchteil der bisherigen Kosten und gleichzeitig um ein Vielfaches schneller als mit bisherigen Konzepten des Aufbaus von Gesundheitszentren in diesen Regionen.

Immer mehr soziale, Gesundheits-, Kommunikations-, Lern- und sonstige lebenswichtige Dienstleistungen werden durch die Kombination von sozialen, technologischen und digitalen Innovationen nicht nur für die Ärmsten radikal günstiger, sondern für alle in der Welt, also auch für uns in den klassischen Industrieländern. Der durch die Hartnäckigkeit und das erfrischend radikale innovative Denken eines Muhammad Yunus ermöglichte Siegeszug der Mobiltelefone in die Armutsmärke der Welt ließ deren Kosten, durch die viel größeren Stückzahlen, auch für uns radikal sinken.

Der offene, neugierige und kreative Blick auf die menschlichen Potenziale befreit uns serienweise von unklugen Begrenzungen in unserem Denken. Soziale Orientierung sahen wir bisher als eher ehrenamtliche Nebenbeschäftigung, aber nicht als den vielleicht spannendsten und stärksten Treiber für Innovationen, die das Leben für uns alle fundamental verbessern können. Der legendäre Innovationsforscher C. K. Prahalad meinte: »Das schlichte Überleben von Unternehmen hängt heute immer mehr davon ab, wie gut und innovativ sie in der Lage sind, gesellschaftliche Probleme zu lösen.« Als Paradebeispiel dafür führte er die Aravind-Kliniken an.

Der indische Arzt Perumalsami Namperumalsami, kurz Dr. Nam genannt, wollte etwas gegen die in seinem Heimatland massenhaft verbreitete Erkrankung an Grauem Star unternehmen. Statt für ein ehrenamtliches Engagement entschied er sich für den Weg, intensiv über soziale und technologische Innovationen von der Früherkennung über Operationsvorbereitung, Operation und Nachbereitung bis zu Produkten im

Nachgang wie Augenlinsen nachzudenken. Das Ergebnis: Durch gleich ein ganzes Bündel von einfachen sozialen bis hochtechnologischen Innovationen reduzierte er die Kosten für die Operation von Grauem Star um den Faktor 20, also um 95 Prozent. Gleichzeitig wurde die mit seinen Innovationen arbeitende Aravind-Klink zur besten der Welt. Reiche Amerikaner fliegen nach Indien, um sich dort ihren Grauen Star operieren zu lassen. Und die große Mehrzahl der bettelarmen Patienten zahlt, dank einer Mischkalkulation, schlicht gar nichts. Dennoch ist Aravind dank seiner Innovationen auch so finanzstark, dass ein ausgegründetes Tochterunternehmen zum Weltmarktführer für die Herstellung von kostengünstigen Augenlinsen wurde. Inzwischen setzen die Aravind-Unternehmen ihren radikalen Ansatz in mehreren weiteren Gesundheitsfeldern fort.

Not macht erfinderisch. Wie wahr dieser schlichte Spruch ist und wie wertvoll für die Entwicklung der *gesamten* Menschheit – und dabei keineswegs nur ein »Nebeneffekt« auch für uns in den wohlhabenderen Ländern – zeigt besonders deutlich die Entwicklung und Verbreitung des Online-Bankings. Dieses entwickelte und verbreitete sich nicht, wie viele erwarten würden, zuerst in unseren Ländern, sondern in armen Ländern, weil es dort nicht einmal in Ansätzen eine Bankfilialen-Infrastruktur gab, so wie wir sie aus unseren Regionen kennen. Dieses Manko förderte die Kreativität für die Entwicklung von immer neuen und weiteren Variationen von digitalem Banking. Bei der Verbreitung von digitalem Banking sind viele sogenannte Entwicklungsländer heute sogar viel schneller und weiter als wir in unseren Regionen. Digitales Banking setzt sich auch bei uns durch, aber noch immer

zögerlicher. Wann werden wir auch bei uns bespiels-
weise die fundamentalen Vorteile schätzen lernen,
dass via digitalem Banking Direktkredite von Bürger
zu Bürger spielend leicht möglich sind (Beispiel: Kiva)
oder Crowdfunding oder die Organisation von Genossenschaften und vieles mehr?

Social Entrepreneurs und Social-Business-Kon-
zepte erreichen nach einer Studie von McKinsey im
Auftrag von Ashoka mit ihren konsequent gemeinwohlorientierten und kollaborativen Geschäftsmodellen bereits heute einen Umsatz von etwa einer Billion US-Dollar – mit weit überdurchschnittlichen bis
astronomischen Zuwachsraten. Sie umfassen soziale
Innovationen von Fair Trade bis Carsharing, Peer-to-
Peer-Lodging bis Slow Food, Mobile Banking bis Green
Energy wie beispielsweise Energiegenossenschaften
wie die Energiewerke Schönau.

Social Entrepreneurs und Social Innovators stellen alle bisherigen sozialen Konzepte auf den Prüfstand
und entwickeln permanent bessere bis revolutionär bessere Konzepte und warten nicht, bis diese von staatlichen Einrichtungen umgesetzt werden. Sie setzen sie
selbst in der Praxis um. So zeigte Andreas Heinecke
mit »Dialog im Dunkeln«, dass Blinde die qualifizier-
testen Begleiter für uns alle sind auf unserem Weg, alle
anderen Sinne außer dem Sehen weiter zu schärfen.
Frank Hoffmann zeigte mit »Discovering Hands«, dass
blinde Frauen die besten Früherkenner für Brustkrebs
sind und machte dies zu einem neuen anerkannten Aus-
bildungsberuf. Thorkil Sonne entdeckte, dass Autisten
mit dem Asperger-Syndrom Spezialfähigkeiten haben,
die an vielen Stellen in der IT-Wirtschaft unschlagbar
wertvoll sind. Von allen diesen sozialinnovativen Poten- **145**

zialentdeckungen profitieren sowohl die Gesellschaft als auch jene, die bisher eher als Pflegefälle statt als Menschen mit besonderen Fähigkeiten gesehen wurden.

2. Open Innovation, Open Source und Citizen Entrepreneurship – wir alle werden Innovationsmitentwickler und Unternehmer

Wie Prahalad richtig sagte, die Zukunft gehört jenen Unternehmen, die ihre gesamte Innovations- und Arbeitskultur auf Gemeinwohlorientierung umpolen. Was bleibt dann als Zukunft für jene Unternehmen, die ihr Zukunftswissen monopolisieren und weiterhin abschotten wollen?

Darauf geben zwei weitere große Trends in der neuen Trendfamilie des WeQ-Denkens eine klare Antwort. Die beiden Trends in diesem Sinne sind Open Innovation und Open Source. Open Innovation meint die offene Entwicklung von neuen innovativen Lösungen und Open Source die Bereitstellung von derartigen Innovationen als Gemeingut, so wie die Luft zum Atmen.

Wikipedia ist ein Beispiel für beides. Dieses digitale Lexikon wurde von einer offenen Community entwickelt und steht der gesamten Menschheit frei und kostenlos zur Verfügung – und grundsätzlich ist auch jeder eingeladen, dieses immer weiter zu vervollkommnen. Anfangs belächelt, musste Brockhaus als Inbegriff für Universallexika 2014 die Segel streichen und wurde eingestellt. Wikidata, ein anderes Open-Innovation-Projekt derselben Wikimedia-Community, nahm sich des Themas einer offenen Wissensdatenbank an. Auch Wikidata entwickelte sich in kurzer Zeit so gut, dass selbst das legendäre Fraunhofer Institut da nicht mehr mithalten kann. Wikidata begreift Wissensdatenbanken per se als Gemeingut und Gemeinschaftsprojekt und nicht als Objekt für Monopolisierungsphantasien in den Händen weniger, die einen Wissensvorsprung grenzenlos für sich abschotten und ausbeuten wollen.

Nicht alle Themenfelder müssen als Gemeingut-Themen gesehen werden, aber sehr viel mehr als bisher. Jeremy Rifkin, ein seit Jahrzehnten führender Zukunftsforscher, geht jedoch davon aus, dass alle Trends darauf hindeuten, dass die Open-Innovation- und Open-Source-Bewegung die Grenzkosten (die Kosten für die Herstellung weiterer Exemplare nach den Entwicklungskosten) in noch viel mehr Bereichen so weit nach unten führen werden, dass bis 2050 die Hälfte der Weltwirtschaft sich von einem kapitalistischen zu einem genossenschaftlichen oder genossenschaftsähnlichen System verwandelt haben wird. Sein Argument: Wo die Grenzkosten sich gegen null entwickeln, bleibt kein Spielraum mehr für eine auf Kapitalmaximierung ausgerichtete Wirtschaft. Eine auf Nutzenmaximierung für alle Menschen ausgerichtete Wirtschaft kann sich jedoch auch dann weiter bestens entwickeln, wenn die Grenzkosten nahe bei null sind. Seine These: Beide Systeme werden ab Mitte des Jahrhunderts etwa gleich stark sein.

Dies ändert jedoch nichts daran, dass sich auch die klassischen kapitalistisch orientierten Unternehmen radikal verändern müssen. Im Zuge der Diskussion von Industrie 4.0 und Open Innovation verbreitet sich diese Erkenntnis derzeit ebenfalls in rasender Geschwindigkeit durch alle Unternehmen. Der Kommunikationsforscher Peter Kruse stellte in einer umfangreichen Untersuchung 2015 fest, dass nahezu alle Führungskräfte in der Wirtschaft dies bereits sehr klar erkannt haben, aber die allermeisten gestehen, noch weit davon entfernt zu sein zu verstehen, wohin und wie sie sich genau verändern müssen.

Die Deutsche Bahn und in der Folge mehrere weitere Großunternehmen legten ab 2014 die staatlichen Schulzeugnisse zur Seite und entschieden sich, gänzlich unabhängig von diesen die tatsächlichen Kompetenzen ihrer Bewerber zu erkennen. SAP-Gründer Hasso Plattner verkündete im selben Jahr, sein IT-Konzern werde nun komplett umgebaut nach den Prinzipien des Design-Thinking, also zur vollen Nutzung der Kreativität aller Mitarbeiter in gelebter Teamkultur. Dieter Zetsche, der Daimler-Chef, ging im September 2016 mit einer erstaunlichen Ankündigung an die Öffentlichkeit: »Wir stellen uns vor, dass wir kurzfristig, innerhalb von einem halben Jahr oder Jahr, rund 20 Prozent der Mitarbeiter auf eine Schwarm-Organisation umstellen.« Für zunächst nur einige ausgesuchte Themenfelder sollen die Mitarbeiter aus den bisherigen strikten Hierarchien befreit und enger direkt miteinander verknüpft werden. Zetsche weiter: »Sie agieren unabhängig von Abteilungsgrenzen sehr autonom vernetzt, und das ist dann keinesfalls auf einzelne Projekte beschränkt, sondern eine dauerhafte Sache.«

Noch radikaler ans Werk einer umfassenden Transformation von Unternehmen vom IQ- in einen WeQ-Modus geht der Tesla-Gründer Elon Musk. In seinem Unternehmen für Elektroautos schuf er das Dogma ab, nach dem Unternehmen nur dann existieren könnten, wenn sie ihre großen technologischen Innovationen als absolutes Betriebsgeheimnis schützen und bewahren könnten. Er entschied sich, alle Tesla-Innovationen als Open Source zu betrachten, und stellte diese als frei zugängliches Gemeingut ins Netz. Ist er verrückt geworden? Man kann es auch genau anders herum sehen: Er hat verstanden, dass die besten Innovatoren keine Lust mehr haben, für monopolisierende und sich abschottende Unternehmen zu arbeiten. Eine schnell wachsende Zahl hervorragender Innovatoren hat längst erkannt, dass sie selbst nur dann weiter so gut und innovativ bleiben können, wenn sie sich frei austauschen mit allen, die an denselben, ähnlichen oder sich ergänzenden Herausforderungen und Innovationsideen arbeiten. Tesla bindet mit seiner Maßnahme schlicht und einfach die besten Innovatoren und wird damit zugleich zum Pionier dafür, Open Innovation und Open Source zum neuen und klügsten Standard globaler Innovationsentwicklung zu erheben.

Nachdem durch Design Thinking eine Demokratisierung der Innovationsentwicklung eingeläutet wurde – jeder kann lernen, in Teams an innovativen Konzepten zu arbeiten und damit zum Innovator zu werden – stellt sich auch die Frage, ob nicht auch jeder lernen kann, zum Entrepreneur zu werden. Die Demokratisierung der unternehmerischen Kompetenzen schrieb sich Günter Faltin auf die Fahnen. Seine Vision lautet: »Citizen Entrepreneurship«. Und sein Experiment, mit lauter Nicht-Ökonomen, in diesem Fall mit Pädagogen, ein Unternehmen zu etablieren, das den Welt-Teemarkt revolutioniert, war ein durchschlagender Erfolg: Seine studentische Teekampagne ist heute Weltmarktführer für Darjeeling-Tee. Viele weitere ähnliche Experimente und Erfolge folgten. Aus seinem Kreis arbeiteten viele an Unternehmensgründungen, die es jedem Menschen erheblich erleichtert, Gründer zu werden, ohne dabei alles selbst machen und können zu müssen, beispielsweise das eBuero. Durch dieses braucht man nicht einmal ein eigenes Büro oder Büromanagement. Mit digitalen und anderen »Komponenten« dieser Art erleichterte er das Gründen für Millionen Gründungsinteressierte.

Ja, wir können eine Gesellschaft von Entrepreneurs oder zumindest Teilzeit-Entrepreneurs und von Intrapreneurs werden. Letzteres meint Menschen mit hohen unternehmerischen Kompetenzen, die diese innerhalb von größeren Unternehmen leben. Mit weitestgehend digital organisierten Geschäftsmodellen wie modernen Einkaufs-, Service- oder Energiegenossenschaften können kommunale Communitys ihre Kosten radikal senken. Jeder Bürger kann neben seinem (vielleicht zeitlich reduzierten) Angestelltenjob genossenschaftlicher Teilzeitunternehmer werden und damit viel flexibler, vielfältiger und autarker werden. Mit den sich so entwickelnden unternehmerischen Kompetenzen können solche Teilzeit-Entrepreneurs auch der deutlichen Bedarfsentwicklung in größeren Unternehmen weg von einseitig spezialisierten Funktionsabhängigen hin zu verantwortungsbereiten und lernmotivierten mehrgleisig kompetenten Intrapreneuren viel besser gerecht werden. Nicht zufällig gibt Muhammad Yunus, ganz im Sinne von Günter Faltin, in seinem neuesten, 2017 erschienenen Buch neben seiner bisherigen Devise »Zero Poverty« als neues Ziel bis 2050 »Zero Unemployment« aus. Mit »null Arbeitslosigkeit« meint er: Wir alle haben das Potenzial, unternehmerisch zu denken und zu handeln, wir alle können und sollten uns als Unternehmer verstehen und uns – ganz oder teilweise – in diese Richtung weiterentwickeln.

Alle der bisher angesprochenen grundlegenden Veränderungen in der Welt, die den meisten Menschen noch wenig bis gar nicht bekannt oder vertraut sind, bieten unvorstellbare Entwicklungspotenziale für die gesamte Menschheit.

Mit diesen können und werden sich sehr viele immaterielle Formen von Wohlstand als neue Hauptdimension von Wohlstand entwickeln. Aber auch materieller Wohlstand kann und wird weiter zunehmen, allerdings ist dies nur dann möglich, wenn Ökonomie und Ökologie als untrennbare Einheit verstanden und gestaltet werden: Eine Ökonomie, die zu 100 Prozent, nachhaltig ist, ist möglich, dies hat niemand so umfassend, hartnäckig und überzeugend vertreten wie Franz Alt, und seine Vision ist heute vollständig bestätigt und final auf den Weg globaler Umsetzung gebracht durch die Global Goals.

Für diese Perspektive eines ökologisch und sozial nachhaltigen Wohlstands ist jedoch noch eine weitere Dimension zwingend erforderlich: Wir müssen sehr schnell, ja sofort, dafür sorgen, dass sich die Lebensperspektiven der Ärmsten und am brutalsten Abgehängten in der Welt substanziell ändern. Hierzu haben Georgios Zervas und ich einen konkreten Vorschlag erarbeitet: die Einführung eines global durchgesetzten Mindestlohns, einer globalen Lohnuntergrenze von 1 Dollar pro Stunde.

3. Die nächste Stufe: von sozialen Innovationen zu systemischen politischen Innovationen – Beispiel globaler Mindestlohn

Ein Konzept für die Einführung eines globalen Mindestlohns bedeutet eine neue Stufe in der Welt sozialer Innovationen. Hier handelt es sich nicht mehr um einen Typus von Innovationen, für die der Ideenentwickler mit überzeugten Mitakteuren eine Organisation gründen kann, um mit deren Mitwirken und Engagement dann die unmittelbare Umsetzung zu bewerkstelligen. Hier handelt es sich um eine politische Innovation, ein innovatives gesellschaftspolitisches Konzept, für das man mit Mitstreitern Überzeugungsarbeit bei den entsprechenden politischen Akteuren und Institutionen leisten muss.

Ein aktuelles Beispiel für eine tiefgreifende gesellschaftspolitische Innovation, die es in wenigen Jahren geschafft hat, von einem beträchtlichen Teil der Gesellschaft und selbst von führenden Politikern und Unternehmenskapitänen befürwortet und gefordert zu werden, ist das bedingungslose Grundeinkommen. In Finnland läuft derzeit ein Pilotprojekt für einen Teil der Bevölkerung, mit dem Erfahrungen über dessen gesellschaftliche Wirkungen gesammelt werden sollen. Die Frage der Sinnhaftigkeit eines bedingungslosen Grundeinkommens soll hier nicht diskutiert werden, jedoch zeigt dieses Beispiel, dass es möglich ist, auch derart ambitionierte Konzepte zu entwickeln und zu einer ernsthaften Umsetzungsdiskussion zu bringen.

Das Genisis-Institut hat sich daher im Jahr 2015 entschieden, sich nicht länger nur auf soziale Innovationen zu fokussieren, sondern innovative gesellschaftspolitische Konzepte mitzuentwickeln. Das erste Konzept dieser Art war jenes für einen globalen Mindestlohn.

Die Sinnhaftigkeit eines globalen Mindestlohns von 1 Dollar pro Stunde ist evident. Ein Drittel der Menschheit lebt von weniger als 3 Dollar am Tag. Das sind 2,5 Milliarden Menschen. Eine Textilarbeiterin in Bangladesch verdient in einem *Monat* so viel wie ein Facharbeiter in Deutschland in ein bis zwei *Stunden*: ganze 30 Euro. Mit einem globalen Mindestlohn würde sich das Einkommen von rund einer Milliarde Menschen verbessern, teilweise um mehr als den Faktor 3. Die Grenze zur absoluten Armut würde mit dessen Einführung für alle arbeitenden Menschen mit sofortiger Wirkung beendet werden. Deren Familien würden mit aus der Armut befreit und sie könnten in bis dahin nie gekanntem Ausmaß ihr Leben selbst in die Hand nehmen. Zahlreiche Fluchtursachen und die Ursachen vieler weiterer globaler Probleme würden nachhaltig beseitigt werden. Der globale Lohndumping-Wettbewerb zwischen jenen Ländern, die wirtschaftlich zu schwach sind, sich gegen die Drohung der Produktionsverlagerung zu wehren, würde schlagartig beendet, wenn es gelingt, eine global verbindliche Lohnuntergrenze durchzusetzen.

Unser Vorschlag ist die Festlegung einer Lohnuntergrenze von 1 Dollar pro Stunde, die nach einer Übergangszeit von niemandem mehr unterschritten werden darf. Wenn sich alle Unternehmen daran halten müssen, weil sie sonst das Recht auf globale Vermarktung ihrer Produkte verlieren würden, wäre ein solcher globaler Mindestlohn für die Unternehmen kein Problem, denn alle Wettbewerber sind davon in gleicher Weise betroffen. Die Maßnahme wäre für sie wettbewerbsneutral. Die Konsumenten müssten die Mehrkosten tragen, aber eine Jeans würde sich dadurch beispielsweis von 69 Euro auf lediglich 69,30 Euro in unseren Läden verteuern. Gleichzeitig würden sich die globalen Kosten für die Beseitigung der Folgen von globaler Armut drastisch verringern, denn ein globaler Mindestlohn ist die einzige Maßnahme, bei der die Gelder zu 100 Prozent genau bei denen ankommen, die sie verdienen und brauchen. Und – last but not least – ein globaler Mindestlohn würde das erste wirklich globale soziale Wirtschaftswunder auslösen, weil es die Lebensgestaltungs- und Potenzialentfaltungskräfte eines Drittels der Menschheit an der wirkungsvollsten Stelle, bei deren Einkommen, nachhaltig befreien und hebeln würde. Wie die zuvor erwähnten Beispiele bei den Mobiltelefonen und Solaranlagen zeigten, würde ein globaler Mindestlohn die Nachfrage nach einer Reihe von westlichen Produkten erheblich anheben und gleichzeitig durch die größere Nachfrage deren Preise für alle, auch für uns in den westlichen Ländern, deutlich sinken lassen. Die *gesamte* Menschheit würde wohlhabender, friedlicher, kreativer und – verbunden mit den beschriebenen Ökowendemaßnahmen – auch rundum nachhaltiger.

Ein globaler Mindestlohn sollte in den Kanon der grundlegenden Menschenrechte aufgenommen werden. Er kann, davon unabhängig, jedoch unmittelbar auf zwei Wegen angepackt und zur Umsetzung gebracht werden: Der eine Weg führt über die internationalen Einrichtungen wie UNO, WTO und ILO, der andere, wahrscheinlich viel kürzere, über eine Verordnung der Europäischen Union.

Die Europäische Union führte bereits zahlreiche Umwelt- und Gesundheitsstandards ein und machte deren Einhaltung zur Bedingung für Importe in die EU. Sie sollte nun einen ersten verbindlichen *Sozial*-Standard nach derselben Logik einführen, und zwar eine globale Lohnuntergrenze von 1 Dollar pro Stunde für alle Produkte, die in die EU eingeführt werden sollen.

Die Europäische Union als größte Handelsmacht der Welt ist unter Berufung auf ihre eigenen Prinzipien sowie auf das WTO-Prinzip der Wettbewerbsneutralität in der historischen Pflicht, ein transparentes Handelssystem für alle Produkte einzuführen, die in der EU gehandelt werden dürfen. Und sie ist in der Lage, dies mit besten Argumenten nötigenfalls auch bei den WTO-Gerichten durchzusetzen.

Formal bedarf es vonseiten der Politik der EU lediglich folgender Verordnung:

»Sämtliche Produkte, die auf dem EU-Markt gehandelt werden, müssen die fundamentalen Werte der EU erfüllen. Damit dies kontrollierbar und nachvollziehbar ist, benötigen die Produkte eine EU-Zulassungsnummer. Die Hersteller müssen ihre Produkte auf ökosoziale Standards zertifizieren lassen, bevor sie diese Zulassung erhalten. Für die sozialen Standards muss die Zertifizierung nach SA8000 vorliegen. Bei den sozialen Standards muss zusätzlich ein globaler Mindestlohn von 1 Dollar pro Stunde auf der Grundlage des Basisjahrs 2017 erfüllt sein.«

Mit einem solchen Schritt wäre das größtmögliche Zeichen für eine ernsthafte Umsetzung der Agenda-2030-Ziele der Global Goals gesetzt. Nicht nur die dort festgeschriebene endgültige weltweite Beseitigung von Armut und Hunger würde tatsächlich erreicht. Die Effekte würden gleichzeitig auf fast alle anderen Global Goals ausstrahlen.

In dem Buch »Die 1-Dollar-Revolution: Globaler Mindestlohn gegen Ausbeutung und Armut« ist ausführlich beschrieben, warum es so wichtig ist, dass ein derart einschneidender Vorschlag wettbewerbsneutral konzipiert sein muss. Erst wenn dies der Fall ist, haben auch die Unternehmen keinerlei Grund mehr, sich dagegen zu wehren, ganz im Gegenteil: Sie werden von einer immer größeren ethischen Belastung befreit. Ein globaler Mindestlohn ist ferner für die Wirtschaft das beste und effektivste globale Wirtschaftsförderprogramm, weil nichts davon in Bürokratie verschwindet, sondern dort ankommt, wo es gebraucht wird, wo es vollständig wieder in die Wirtschaftskreisläufe einfließt und wo es die effektivste Potenzialentfaltung für die gesamte Weltgesellschaft bewirkt. Ernst Ulrich von Weizsäcker meinte zu diesem Vorschlag: »Wer da noch sagt, das sei ›nicht bezahlbar‹ ist ein schlimmer Schwindler.« Kluge Unternehmensführer haben übrigens schon einige Male in den letzten Jahrzehnten erkannt, dass *wettbewerbsneutrale* Konzepte es ihnen sehr leicht machen, einschneidende soziale und ökologische Standardverbesserungen problemlos mitzutragen. Sie haben dazu 1995 und 2005 bahnbrechende eigene Initiativen ergriffen und Maßnahmen vorgeschlagen, die in besagtem Buch näher beschrieben werden.

Zur Präzisierung des Vorschlags zur Einführung eines globalen Mindestlohns sei hier noch Folgendes erwähnt: Für einen Teil der Wirtschaft, insbesondere der Landwirtschaft, muss ein anderer Mechanismus eingesetzt werden als Mindestlöhne, nämlich Mindestpreise auf dem Niveau, das dem jeweils festgelegten Mindestlohn entspricht. Ferner: Ein globaler Mindestlohn von 1 Dollar kann zu einem Stichdatum für alle Exporte aus Lohndumpingländern eingeführt werden. Die Anpassung der Mindestlöhne für die jeweilige inländische Wirtschaft bedarf eines stufenweisen Vorgehens, kann aber auf diesem Wege relativ rasch an die zunächst für die Exportwirtschaft durchgesetzte

Mindestlohnmarke angepasst werden. Grund ist die wirtschaftliche Dynamik, die ein globaler Mindestlohn für die gesamte Binnenwirtschaft dieser Länder auslöst. Und schließlich: Ein globaler Mindestlohn auf *Stundenbasis* bewirkt ferner auch einen erheblichen Jobgenerierungseffekt: Längere Arbeitszeiten als ca. 40 Stunden, also humane Arbeitszeitenregelungen, lohnen sich für die Unternehmen nicht mehr, denn zwei frische Arbeitskräfte mit 40-Stunden-Wochen erbringen bessere Leistungen als eine mit einer 80-Stunden-Woche. Ein globaler Mindestlohn kann durch den Bezug auf einen Mindest*stunden*lohn weltweit mehr als 50 Millionen zusätzliche Arbeitsplätze schaffen und damit »nebenher« ein wahres Jobwunder.

Dies ist jedoch nur *ein* Beispiel, wie sich auch die Politik auf neue visionäre wirtschafts- und gesellschaftspolitische Vorschläge einlassen sollte. Mit den Global Goals, die auch Sustainable Development Goals oder Agenda 2030 genannt werden, hat die Weltgemeinschaft – sogar völlig einmütig – bereits die richtigen Ziele für die kommenden Jahre gesetzt. Jetzt braucht es deren Herunterbrechen auf konkrete Maßnahmen wie einen globalen Mindestlohn, eine stabile Finanzierungslogik für alle Global Goals und eine konsequente Förderlogik für die volle Aktivierung der ökologischen Potenziale unserer Erde und der *menschlichen und sozialen* Potenziale unserer gesamten Menschheit. Wie sich die Politik dafür wieder die notwendige Handlungsfähigkeit verschaffen kann und wie sie diese mit den notwendigen systemisch innovativen Handlungskonzepten umsetzen kann, ist Thema im folgenden Kapitel.

IV. REVOLUTION DES DEMOKRATIEWOHLSTANDS

1. Von Symbol- zu Systempolitik

Wenn wir ehrlich sind, wird die Kluft zwischen Handlungsbedarf und Handlungsfähigkeit der Politik immer größer. Fast jedes große Problem bleibt ungelöst. Die Bühne wird mit wortstarker, aber lösungsarmer Symbolpolitik bespielt. Der Mut zu gestaltungsstarker Systempolitik, die unsere Politiksysteme weiterentwickelt, damit sie den Erfordernissen der heutigen Welt gerecht werden kann, dieser Mut fehlt heute an allen Ecken und Enden. Was tun?

Eine Erkenntnis aus der bisherigen Geschichte: Irgendwann macht Not wendig, offen für notwendige Schritte, was bedeutet: für systemische und damit systempolitische Schritte. Das war der Fall nach dem Zweiten Weltkrieg mit der Gründung der Vereinten Nationen, die immerhin das erste Forum für *alle* Länder schuf. Das war der Fall mit der Einführung der *sozialen* Marktwirtschaft und einer Politik eines »Wohlstands für alle«. Das war der Fall mit der Ostpolitik, mit der Perestroika, mit der Einführung von Umweltpolitik und einigem mehr.

Doch dann gewann der Neoliberalismus an Boden, der im Kern nichts anderes ist als eine Abrissbirnenpolitik von politischer Handlungsfähigkeit. Das Ergebnis: Wirtschaftslobbyisten schreiben unsere Gesetze, globalisierte Konzerne verabschieden sich aus unseren Steuersystemen, außerstaatliche Gerichtssysteme werden etabliert, Nationen treten in Wettbewerb miteinander um die »beste Wirtschaftspolitik«

für die Interessen jenes Teils der Weltwirtschaft, der sich längst weitgehend aus nationalstaatlicher Steuerbarkeit verabschiedet hat. Das systemische Ergebnis: Politik hat sich inzwischen so weit selbst ausgehöhlt, dass *alle* unsere Systeme – Sicherheit, sozialer Zusammenhalt, gleiche Zukunftschancen, Frieden und sehr viel mehr – in existenziell bedrohliche Gestaltungsnot bis Gestaltungsohnmacht geraten sind.

Die entscheidende Aufgabe der Gegenwart muss daher sein: die Neugestaltung politischer Handlungsfähigkeit durch beherzte Weiterentwicklung von Demokratie. Damit ist selbstverständlich keine Demokratie im Sinne einer Machtübertragung an Autokraten gemeint. Denn Autokraten, auch wenn sie demokratisch gewählt werden, verstricken sich in der Logik von Nationalegoismus und erweisen sich damit als Demokratiezerstörer in ihrem eigenen Land, in der Beziehung zu anderen Ländern und in den internationalen Gremien. Nationalegoismen oder sonstige Sondergruppen-Egoismen sind damit hochgradig systemgefährdend für alle längst durch und durch gesamtplanetarischen und gesamtmenschheitlichen Systeme. Die Zukunft kann nur in einer Politik der »Zukunft für alle« liegen und in politischen Systemen, die gleichzeitig *sowohl* basisdemokratischer *als auch* globaldemokratischer werden. Eine mündige Gesellschaft gibt es nur mit mündiger Demokratie – auf *allen* Ebenen.

Wie kommen wir möglichst schnell, effektiv und essenziell dorthin? Indem wir systempolitisch wegweisende Vorschläge exemplarisch aufgreifen und diese zur Umsetzung bringen und, wenn nötig, dorthin treiben. Wenn dies mit einem offensichtlich not-wendenden Konzept wie dem globalen Mindest- **159**

lohn gelungen ist, kann dies mit weiteren systempolitisch guten Vorschlägen in weiteren zukunfts-
entscheidenden Themenfeldern fortgeführt werden
– und die Wiederherstellung systempolitischer Handlungsfähigkeit auf der Höhe heutiger Anforderungen
gewinnt grundsätzlich Kontur. Die gegenwärtige
Krise politischer Systeme und insbesondere demokratischer Systeme kann nur überwunden werden durch
den Mut zu gleichzeitig mehr Demokratie auf allen
Ebenen und zu mehr systemischer Politik, ebenfalls
auf allen Ebenen.

Ein weiterer Vorschlag, der ein zentrales politisches Themenfeld aus symbolpolitischer Handlungs-
lähmung zu effektiver systempolitischer Handlungsfähigkeit befreien kann, sei hier angeführt. Dieser ist
im letzten Kapitel des bereits erwähnten Buches »Die
1-Dollar-Revolution« dargestellt unter dem Titel »Die
1-Prozent-Revolution«. Sein Ziel: eine möglichst einfache Handlungsformel zu finden, mit der eine stabile
Finanzierung für die sehr ambitionierten Global Goals
sichergestellt werden kann.

Die von der Weltgemeinschaft im Herbst 2015
verabschiedeten Global Goals sind die bisher größte
Errungenschaft im Einigungsprozess auf eine globale
Agenda zur Lösung der zentralen Weltprobleme. Nicht
gelöst wurde dabei jedoch die Frage, wie diese gute
und kluge Agenda finanziert werden sollte. Die Kosten
werden, je nach Art der Berechnung, auf jährlich 800
Milliarden bis zu 2,5 Billionen Dollar geschätzt. Bei
letzterer Zahl sind jedoch die notwendigen Investitionen der Wirtschaft miteingerechnet. Der staatliche
Finanzierungsbedarf dürfte mit 800 Milliarden Dollar
gut angesetzt sein.

Zwei Jahre nach dem Beginn der insgesamt 15 Jahre laufenden Agenda der Global Goals kam man in der Finanzierungsfrage noch kaum weiter. Mit Blick auf die übliche Einigungsdauer bei globalen Abstimmungsprozessen kann man nicht wirklich optimistisch sein, eine hinlängliche Finanzierung der vereinbarten Ziele innerhalb der vereinbarten Laufzeit zu erreichen. Die Ziele sind damit stark gefährdet und damit die Hoffnungen, endlich aus offensichtlich unzulänglicher Symbolpolitik zu wirklich handlungsstarker Systempolitik zu kommen – und dies, obwohl die Ziele selbst durchaus die notwendige systemische Änderungsqualität erreicht haben. Daraus ergibt sich: Wir brauchen dringendst ein einfaches, systemisch funktionsfähiges und auf bereits bewährten Mechanismen beruhendes Finanzierungskonzept für die Erreichung der Global Goals.

Unser konkreter Vorschlag hierzu: Analog zur Finanzierung der EU soll jedes Land der Welt ein Prozent seines Bruttosozialprodukts (2016 ca. 800 Milliarden Dollar) in einen Global Goals Fund einbezahlen. Nachdem die Vollversammlung der Vereinten Nationen die Global Goals verabschiedet haben, sollte dieser Fonds auch in der Verantwortung desselben Gremiums liegen beziehungsweise von diesem ein Gremium zur Verwaltung dieser Gelder geschaffen werden.

Für die Mittelverwendung schlagen wir folgende Schwerpunkte vor:

- Ca. 130 Milliarden Dollar sollen eingesetzt werden für eine globale Arbeitslosen- und Sozial-Grundversicherung in Höhe von 1,90 Dollar pro Tag (der offiziellen Grenze zur absoluten Armut laut UN-Definition). Die rund 190 Millionen der Ärmsten der Welt ohne eigenes Einkommen oder eigene Einkommensmöglichkeiten könnten damit versorgt werden. Mit den Effekten des globalen Mindestlohns würde sich die Zahl der weltweit Arbeitslosen jedoch deutlich senken, so dass die Kosten für eine globale Arbeitslosen- und Sozialgrundversicherung rasch niedriger wären. Mit dieser Maßnahme der Einführung einer globalen Arbeitslosen- und Sozialgrundversicherung in Kombination mit dem globalen Mindestlohn wäre das Thema »absolute Armut« vollständig überwunden.

- 22 Milliarden sollen für einen Sonderfonds eingesetzt werden, mit dem die ärmsten Länder gestützt werden, damit auch bei ihnen alle Kinder eine gute Schulausbildung bis einschließlich zur 10. Klasse erhalten. Diese Finanzierungslücke ermittelte die Unesco, um dieses Ziel für restlos alle Kinder der Welt zu erreichen.
- Ca. 30 Milliarden sollen jährlich für einen revolvierenden Fonds für soziale Innovationen eingesetzt werden. Damit würde man den zuvor ausgeführten sozialen und ökologischen Effekten dieser neuen Art von Innovationen zur schnellstmöglichen globalen Ausbreitung verhelfen.
- Der Rest, rund 600 Milliarden, stünden für die mit den vorgenannten Vorschlägen noch nicht abgedeckten Global Goals zur Verfügung.

Die Abgabe von 1 Prozent vom BIP entspricht weniger als der Hälfte der globalen Rüstungsausgaben, die durch die auftretenden Effekte nach Erreichen aller Global Goals leicht eingespart werden könnten. Dass »Sicherheit« neu gedacht werden muss, und zwar unter offensiver Einbeziehung »Sicherheit stiftender sozialer

Investitionen« wie kluge globale Entwicklungsausgaben und -maßnahmen, wurde immerhin erstmals im Jahr 2017 bei der jährlichen Münchner Sicherheitskonferenz sehr ernsthaft diskutiert. Dieses eine Beispiel zeigt: Der Vorschlag dieser »1-Prozent-Revolution« ist alles andere als unvernünftig. Wir müssen diesen offensichtlichen Vernunftschritt also klar und deutlich vorantragen.

Wie lassen sich die hier angesprochenen Initiativen sowie weitere sinnvolle Vorschläge für mehr ähnlich wirksame systempolitische Durchbrüche in der Praxis voranbringen?

Ein hilfreiches Mittel sind Online-Petitionen. Eine Petition auf der change.org-Plattform mit der entsprechenden Aufforderung an die EU zur Einführung eines globalen Mindestlohns per EU-Verordnung fand sehr schnell 50.000 Unterstützer allein im deutschsprachigen Bereich. Allein über change.org lassen sich heute bereits 25 Millionen Bürger weltweit erreichen, die den demokratischen Wert dieses Instruments erkannt haben.

Eine wachsende Zahl von Politikern erkennt die dringliche Notwendigkeit von Maßnahmen, die systemische Veränderungen bewirken, weil viel zu viele politische Maßnahmen zu kurz greifen, zu mutlos sind, zu sehr im Meinungs- oder Kompetenzenstreit abgeschliffen und abgeschwächt werden, sich zu oft und schnell mit Symbolwirkung zufrieden geben, sich in Aktionismus und »Projektitis« verlieren. Der Bundesminister für wirtschaftliche Zusammenarbeit, Gerd Müller, lud daher zivilgesellschaftliche Quer- und Vordenker offensiv ein, an einem Konzept mitzuarbeiten, das echte systemische Wirkungen bei der Bekämpfung der Ursachen von Flucht, Armut, Hunger und so weiter in seinem Arbeitsfeld der internationalen Zusammenarbeit erzielen kann. Er wollte diese zu einem »Marshallplan mit Afrika« bündeln und eröffnete Workshops mit visionären Vordenkern mit den Worten: »Denkt groß, denkt visionär, denkt kühn und lasst euch nicht von Mitarbeitern meines Hauses davon überzeugen, dass eure Vorschläge sehr viel kleiner gebacken sein müssen. Ich will systemische Veränderungen erreichen und dies geht nur mit kühnen, neuartigen Ideen.«

Als ich in einem Gespräch mit ihm die Idee für einen globalen Mindestlohn skizzierte, meinte er: »Genau solche Vorschläge brauchen wir dringend, denn nur systemische Lösungen helfen weiter. Bitte wenden Sie sich unbedingt an mich mit einer genaueren Ausarbeitung Ihres Vorschlags.«

Kurz darauf hatte ich die Gelegenheit, diesen und neun weitere konkrete Vorschläge mit ähnlicher systemischer Wirkkraft in den Kreativworkshop jenes Teams einzubringen, das für sein Ministerium eine Denkschrift für sein Projekt »Marshallplan mit Afrika« erarbeitete. Obwohl der Minister von diesem Vordenkerkreis ausdrücklich verlangte, visionäre Vorschläge von systemischer Wirksamkeit einzubringen und aufzunehmen, wurde der Vorschlag eines globalen Mindestlohns und die meisten anderen Vorschläge nicht in die Denkschrift aufgenommen. Die Schlussredakteure hatten Sorge, dass dieser Vorschlag, den der Minister unbedingt vorgetragen bekommen wollte, als »unrealistisch« eingestuft werden könnte. Sie beschränkten sich auf Vorschläge aus der längst bekannten entwicklungspolitischen Debatte. Die einbezogenen Vordenker erwiesen sich letztlich als zu mutlos und zu traditionell. Das Medienecho auf diese Denkschrift war entsprechend.

Glücklicherweise erwiesen sich die ministeriums-internen Autoren mit ihrem dann im entwicklungspolitischen Ausschuss des Bundestags vorgestellten Eckpunkte-Papier »Für einen Marshallplan mit Afrika« als deutlich mutiger – und luden schließlich die gesamte Zivilgesellschaft ein, auf dieser Basis kreativ mitzudenken und ihre Vorschläge einzubringen.

Wenn ein Minister schon zu wirklich systemischen Verbesserungsvorschlägen auffordert, sollte sich zusätzlich zur sozialinnovativen Szene eine kreative Community bilden, die es sich zur Aufgabe macht, derartige systemische gesellschaftspolitische Vorschläge zu entwickeln. Und eine kritische Öffentlichkeit sollte sich dafür engagieren, dass diese umgesetzt werden. Die Lehre aus diesem Beispiel: Überlassen wir die Entwicklung grundlegend systemischer Vorschläge nicht länger allein den etablierten Thinktanks. Entwickeln wir mit an der Entstehung vieler neuer guter Ideen, tragen wir dadurch bei zu einem echten Demokratiewohlstand.

Die vor wenigen Wochen in Berlin gestartete »Future-for-all-Initiative« hat sich zum Ziel gesetzt, derartige systemische Lösungen und systempolitische Vorschläge zu sammeln, weitere neue gemeinsam zu entwickeln und solche dann in eine breite öffentliche Diskussion zu bringen.

2. Demokratie mit allen für alle

Bereits Willy Brandt rief dazu auf, »mehr Demokratie zu wagen«. Zivilgesellschaftliches Engagement nahm seither zu, aber zu einer wirklich lebendigen demokratischen Kultur ist noch viel Luft nach oben.

Warum vermitteln wir in unseren Schulen Demokratie immer noch weitgehend als theoretisches Wissen über einige demokratische Prinzipien? Warum nutzen wir die Schule nicht als großes Praxisfeld demokratischen Wirkens? Enja Riegel, langjährige Leiterin der Helene-Lange-Schule, machte ihre Schule konsequent zu einer »Schule der Demokratie«, in der alle Schülerinnen und Schüler ein völlig ungewöhnliches Maß an demokratischer Mitbestimmung und Mitverantwortung zu allen innerschulischen Fragen als tägliche Praxis lebten. Ihre Schule fiel auf, als sie im PISA-Test als mit Abstand beste Schule Deutschlands abschnitt. Als man begann, auf die Gründe dieses Erfolgs zu blicken, entdeckte man: statt Pauk-Regime stand Selbstverantwortung im Vordergrund, statt schulmeisterlicher Lehrer-Orchestrierung aller schulischen Entscheidungen berieten Schüler selbst beispielsweise über die Schulordnung und sorgten selbstbestimmt für weitaus wirkungsvollere, intelligentere, kreativere und von allen aktiv und diszipliniert mitgetragene Schulabläufe, als dies »Von-oben«-Ansätze je zu leisten fähig wären. Und, oh Wunder, das Ergebnis waren weit überdurchschnittliche Lernlust, Potenzialentfaltung und bessere Lernergebnisse als in allen anderen Schulen im Lande. Mehr Demokratiewohlstand in der Schule führte direkt zu mehr Bildungswohlstand. Eine Reihe von Schulen in Deutschland ließ sich dadurch inspirieren, eine Bewegung »Demokratische Schule« entstand. Aber warum zogen unsere Bildungsministerien fast keine Lehren aus dieser so beeindruckenden praktischen Erfahrung?

Warum hat die Politik in unserem Lande die Erfahrungswerte der Runden Tische der Breuninger Stiftung noch nicht zum bundesweiten Standard erhoben?

Zu unterschiedlichsten gesellschaftlichen Themen hat die Breuninger Stiftung in Stuttgart in Zusammenarbeit mit der lokalen Bürgerstiftung Runde Tische organisiert, bei der die zum jeweiligen Thema besonders engagierten zivilgesellschaftlichen Organisationen und Unternehmen, die einschlägigen politischen Verantwortungsträger sowie Verwaltungsrepräsentanten zusammenkommen und gemeinsam praktische Verbesserungsmöglichkeiten für ein besseres Zusammenwirken und neue gemeinsame Initiativen besprachen. Als die Flüchtlingszahlen plötzlich drastisch zunahmen, vereinbarte man gemeinsam eine kurze Schulung der engagementbereiten Bürger und ein engagementbegleitendes Coaching. Mit so großem Erfolg, dass dieses Projekt als das beste Projekt von Bürgerstiftungen in jenem Jahr in Deutschland ausgezeichnet wurde. Runde Tische nach dem beschriebenen Muster helfen allen Beteiligten: Politik, Verwaltung, staatlichen und privaten sozialen Einrichtungen, NGOs, engagierten Bürgern und betroffenen Bürgern. Solche Runden Tische und andere Formen unmittelbarer zivilgesellschaftlicher Beteiligung sind eine fundamental wichtige Vertiefung unserer Demokratie und sollten zur »fünften Gewalt« neben Legislative, Exekutive, Judikative und Medien in unserer Demokratie werden.

Warum entwickeln wir die parlamentarische Demokratie nicht mit weiteren Elementen weiter? Gregor Hackmack ist einer der kreativsten Aktivisten für mehr und direktere Demokratie in Deutschland. Als Mitglied im Landesvorstand von »Mehr Demokratie« in Hamburg war er maßgeblich daran beteiligt, in der Hansestadt die Verbindlichkeit von Volksentscheiden durchzusetzen, das Wahlrecht zu ändern und ein wegweisendes Transparenzgesetz einzuführen. Er ist Mitgründer und Geschäftsführer von abgeordnetenwatch. de, einer Plattform für mehr Bürgerbeteiligung und Transparenz in der Politik, und Deutschlandchef von change.org, der weltgrößten Online-Petitionsplattform. Er wurde einer der ersten Ashoka-Fellows in Deutschland sowie 2010 in das Young Global Leader Network der Schwab Foundation aufgenommen.

Anfang 2017 entwickelte er ein neues Konzept, um direkte Demokratie noch stärker in der politischen Landschaft zu verankern. Er fragte sich, ob politische Mandatsträger im Bundestag nicht eine völlig andere Rolle spielen könnten als bisher, und zwar als *Dienstleister* für die direkte Mitbestimmung der Bürger bei der Entwicklung von und der Entscheidung über konkrete politische Vorschläge. Eine Bewegung mit dem Namen »Bewegung« für ein derartig neues Politikerverständnis arbeitete zum Zeitpunkt der Niederschrift dieses Manuskripts ein Konzept zu dessen konkreter Umsetzung aus. Die aktiven Mitglieder dieser *Bewegung* sollten ganz bewusst – und per Statut fixiert – auf Mitabstimmung darüber verzichten, welche konkreten Vorschläge die Bewegung vertritt. Hierüber soll der weit größere Teil der Bewegung abstimmen, der lediglich *Förderer* in der Bewegung ist. Abstimmungsberechtigt wird jeder, der die eigentliche Bewegung mit einem kleinen symbolischen Beitrag unterstützt. Vorschläge für das, was die Bewegung vertreten soll, kann *jeder* Bürger einbringen, abstimmungsberechtigt über die eingebrachten Vorschläge ist der offene Förderkreis. Sollten die aktiven Mitglieder dieser Bewegung Mandatsträger im Bundestag werden, sollten diese die Beschlüsse des offenen Förderkreises dann dort

offensiv einbringen mit dem Mandat, »Dienstleister«
für diese Form direkter Demokratie zu sein. Selbstredend bedarf ein solcher Ansatz eines Werterahmens,
in dem sich eine solcherart direkt-partizipative Demokratie bewegt und den sie nicht überschreiten darf.
Selbstverständlich ist dieser mitgedacht mit Werten
wie Transparenz, Toleranz und Weltoffenheit.

Einen ähnlichen Ansatz entwickelte das Genisis-Institut mit der *Future-for-All*-Initiative, die bisher von rund 50 Organisationen mitgetragen wird
und aus der unter anderem auch dieses Buch her-
vorging. Im Frühjahr 2017 entstand dort das Format
eines »Future-for-All-Parliaments«, einer Art *Bürger-
parlament*, das es sich zur Aufgabe macht – unabhängig von den staatlichen Parlamenten – Lösungen zu
entwickeln, die zu einer sozialinklusiven Gesellschaft
führen, also den in diesem Buch vorgestellten Ideen
entsprechen, und fortlaufend um viele weitere gute
und praktische Konzepte zu erweitern.

Das »Future-for-All-Parliament« besteht aus
mehreren Einzelformaten, die dazu beitragen sollen,
besonders wichtige *Fragestellungen* für eine gerechte,
lebendige, partizipative und potenzialfördernde Gesellschaft genau zu fassen, für diese dann besonders
kreative Ideen und hilfreiche Lösungsansätze zu sammeln, daran dann in professionellen WeQ Workshops
auf sehr konkrete Lösungskonzepte hinzuarbeiten und
dann schließlich diese in einem »Future-for-All-Parliament« mit Kreativen, Aktivisten, Sozialunternehmern,
Sozialeinrichtungen, NGOs, Thinktanks, Verwaltern,
Entscheidern und insbesondere Betroffenen und Bürgern zu diskutieren. In diesen Prozess sollen auch On-
line-Prozesse wie Ideenpools und Diskursplattformen

einbezogen werden sowie Online-Petitionen und Online-Abstimmungen.

Als erste Themen sind geplant: Wie kann sich eine offene demokratische Gesellschaft wirkungsvoll gegen Wahl- und sonstige Manipulationen durch Fake-News wehren? Wie können Citizen Entrepreneuership, WeComs und Genossenschaften 2.0 gefördert werden? Wie funktioniert Lernen im 21. Jahrhundert? Wie stärken wir demokratische Strukturen in der UNO und allen übernationalen Organisationen? Wie stärken wir das Aufblühen einer neuen Generation von »Genossenschaften 2.0«?

3. Demokratie auch oberhalb der Nationen

Um eine lebenswerte Zukunft für alle – einschließlich der nach uns kommenden Menschen – zu sichern, bedarf es auch einer grundsätzlichen Weiterentwicklung der heutigen internationalen Machtordnung zu einer kosmopolitisch aufgebauten Weltgesellschaft, in der die gewohnte nationalstaatliche Politikgestaltung noch um rechtsstaatlich und demokratisch legitimierte Regierungsfunktionen auf Weltebene ergänzt wird.

Dies ist zugleich ein wichtiger Teil einer konstruktiven Antwort auf die quälenden Herausforderungen der heute weitgehend »politikfreien« und damit regelfreien beziehungsweise sehr leicht regelumgehbaren Globalisierung. Wir können der Realität einer grenzüberschreitend vernetzten Wirtschaft längst nicht mehr entfliehen. Sie ist zu einem Teil unseres Lebens geworden und trägt die für uns unverzichtbar gewordenen zivilisatorischen Errungenschaften. Jeder Versuch, sich gegen sie abzuschotten oder den eigenen nationalen Interessen zu unterwerfen, erodiert die ohnehin unzureichenden Steuerungsmöglichkeiten unserer globalisierten Welt noch weiter. Dadurch erscheinen deren negative Entwicklungen immer weniger beherrschbar und verstärken die bereits verbreiteten Ängste vor der Globalisierung. Ein Teufelskreis, der egoistisches und kurzfristig orientiertes Handeln fördert, in gefährliche Konflikte führt und die Chancen, den Lebensraum Erde für nachfolgende Generationen zu erhalten, immer mehr schwinden lässt.

Wäre es nicht besser, damit aufzuhören, der Globalisierung *entkommen* zu wollen, um sie stattdessen als Menschheit endlich gemeinsam zu *gestalten*. Ist nicht die Anerkennung einer Schicksalsgemeinschaft der ganzen Erde der Beginn des Weges, auf dem Bürger wie Nationen die Herrschaft über ihr eigenes Schicksal wieder zurückgewinnen können? Auf dem die hochkomplexen und immer bedrohlicher wirkenden Gefahrenentwicklungen unserer Zeit endlich wirksam angegangen werden können und auf dem dann das unabschätzbare Potenzial nutzbar gemacht werden kann, das die Etablierung einer auf legitimer Basis errichteten planetaren Zivilisation verspricht?

Eine solche kosmopolitische Weltsicht fußt auf dem Paradigma, dass alle Mitglieder der menschlichen Familie gleiche Würde und Freiheit besitzen und damit auch das Recht wie die Pflicht, gleichberechtigt an der Gestaltung ihres Zusammenlebens mitzuwirken. Da dies auch kommenden Menschen zuzugestehen ist, leitet sich schon daraus die Leitnorm einer nicht nur gerechten, sondern auch nachhaltigen Weltgesellschaft ab – im Einklang mit den natürlichen Lebensgrundlagen, für die jeder Einzelne eine Mitverantwortung hat.

Als naheliegende politische Verkörperung eines weltbürgerlichen Selbstverständnisses und eines der unteilbaren globalen Verantwortung gerecht werdenden politischen Entscheidungsgremiums für globale Grundfragen erscheint ein Weltparlament, das zu den nationalstaatlichen Parlamenten hinzutreten würde, ein logischer historischer demokratischer Schritt. Es hätte die Aufgabe, sowohl eine lebenswerte Zukunft für alle Mitglieder der Menschheitsfamilie abzusichern als auch Fragen von grenzüberschreitender Bedeutung nach dem Gemeinwohlprinzip zu regeln.

Eine solche Ausweitung rechtsstaatlicher, demokratischer und sozialer Prinzipien auch auf die internationale Ebene würde den Nationalstaat nicht verabschieden. Vielmehr würde er durch seine Integration in eine legitime Weltordnung auf der Basis gemeinsamen freiheitlichen Rechts in seinen wichtigen Funktionen zugunsten der Bürger unterstützt und gestärkt. So könnten gemäß dem klassischen Subsidiaritätsprinzip gesellschaftliche Aufgaben jeweils auf der am besten geeigneten Ebene behandelt werden – lokale Probleme auf lokaler Ebene, nationale Probleme auf nationaler Ebene, regionale Probleme auf regionaler Ebene und schließlich globale Probleme auf globaler Ebene.

Die deutlich erhöhte Stabilität und Leistungsfähigkeit, die ein solches kosmopolitisches Gesellschaftssystem verspricht, würde auch gegenüber heute ein weit höheres Maß an Selbstbestimmung und Selbstverwaltung für Individuen, Gruppen und Regionen erlauben. Einer solchen gestuften Weltdemokratie entspräche ein entsprechend vielschichtiger

Bürgersinn. Jeder Mensch auf der Erde könnte sich so widerspruchsfrei gleichermaßen als mitverantwortlicher Bürger einer Gemeinde, einer Region, eines Staates und schließlich als Weltbürger verstehen.

Die Erschaffung einer Weltgesellschaft, die allen ihren Mitgliedern dauerhaft ein Leben in Würde und Freiheit sichern könnte, ist ohne Frage eine gewaltige Herausforderung – vielleicht die größte gesellschaftliche Reformaufgabe in der bisherigen Geschichte der Menschheit. Aber sie ist auch nicht größer als die Bedrohungen, denen wir uns gegenübersehen, und nicht größer als die Belohnungen, die ein Erfolg mit sich bringen würde. Und es macht durchaus Hoffnung zu sehen, wie viele Ideen, Impulse und Initiativen es bereits gibt, mit denen auf eine Weltordnung hingearbeitet wird, die allen eine sichere und lebenswerte Heimat bieten kann.

Für die dringend notwendige weitere Vernetzung und Stärkung der internationalen Zusammenarbeit im Interesse des langfristigen globalen Gemeinwohls stellen die Vereinten Nationen einen überaus wichtigen Rahmen dar. Mit ihren zahlreichen Sonderorganisationen hat die UNO bereits das Leben von hunderten Millionen Menschen konkret und nachhaltig verbessert und so eine Art Weltinnenpolitik bereits vorweggenommen. Umso dringlicher erscheint es, dass sich zukunftsorientierte Impulsgeber und Initiativen überall auf der Welt noch weit stärker als heute auch für die Aufgabe vernetzen, die Vereinten Nationen zu stärken, zu verbessern und auszubauen. Dazu gehört ganz besonders auch eine grundlegende Demokratisierung ihrer Arbeit. Sie muss transparenter und rechenschaftspflichtiger werden und Bürgerpartizipation bei ihren Entscheidungsprozessen erlauben. Dies würde den UN-Einrichtungen eine grundsätzlich verbesserte Legitimationsbasis, verstärkte Sichtbarkeit und Anerkennung in der Öffentlichkeit verleihen und sie so mit großer Wahrscheinlichkeit auch ihre Aufgaben zugunsten der Weltbevölkerung deutlich besser erfüllen lassen.

Als ein erster Schritt ist mehrfach die Einrichtung einer beratenden Parlamentskammer bei den Vereinten Nationen angeregt worden. Die 2007 unter der Schirmherrschaft des ehemaligen UN-Generalsekretärs Boutros Boutros-Ghali gegründete »Internationale Kampagne für ein Parlament bei der UNO« (de. unpacampaign.org) schlägt vor, ein solches Organ nach Art. 22 der UN-Charta einzurichten. So wäre nur ein Mehrheitsbeschluss der Generalversammlung notwendig und nicht das schwierige Verfahren einer Satzungsrevision der Vereinten Nationen.

Die Mitglieder dieses Gremiums wären keine Repräsentanten von Regierungen, sondern durch die nationalen Parlamente gewählte Volksvertreter mit der Aufgabe, globale Probleme zu beraten und hierzu Empfehlungen zu geben. Sie würden als gegenüber der ganzen Menschheit verantwortlich gelten.

Dieser Vorstoß ist durchaus auf lebhaftes Interesse gestoßen. So kann die internationale Kampagne derzeit bereits 1.500 amtierende und ehemalige Parlamentarier, hunderte Professoren und bekannte Persönlichkeiten des öffentlichen Lebens sowie rund 400 NGOs zu ihrem Unterstützerkreis zählen. Auch bestehende überregionale Parlamentskammern wie das Europäische Parlament oder das Panafrikanische Parlament haben ihre Unterstützung für diesen Reformansatz erklärt.

Als beratendes Organ der Generalversammlung hätte eine solche beratende Versammlung anfangs nur begrenzte Kompetenzen. Sie wäre gewissermaßen erst der Keim eines handlungsfähigen Weltparlaments. Nach dem Vorbild des Europäischen Parlaments könnte sie aber in weiteren Entwicklungsstufen in dieser Richtung ausgebaut werden, was allerdings auch eine fortschreitende Stärkung von Demokratie und Rechtsstaatlichkeit in den Mitgliedsstaaten selbst zur Voraussetzung hätte.

Eine UN-Parlamentarierversammlung könnte jedoch von Anfang an einzigartige neue Funktionen erfüllen – beispielsweise Steuerungsfunktionen für die Umsetzung der Global Goals übernehmen oder für einen Global Goals Fund, wie er zuvor vorgeschlagen wurde. Eine UN-Parlamentarierversammlung besäße als erstmalige Vertretung der gesamten Menschheit ferner eine kaum zu überschätzende Symbolkraft. Sie könnte ganz wesentlich dazu beitragen, Entwicklungsprozesse zu einer demokratisch legitimierten Weltinnenpolitik zu initiieren und zu beschleunigen.

Dieser Schritt würde bedeuten, an zentraler Stelle ein ständiges internationales Forum zu haben, auf dem eine Vielzahl global relevanter Problemstellungen öffentlich diskutiert und bearbeitet werden könnte. Es wäre eine legitimierte Instanz geschaffen, um gegen einen weltweit fluktuierenden Informations- und Desinformationsbrei klare Konturen begründeter Problemanalysen und Lösungsstrategien zu setzen. Gerade die existenziell wichtigen Fragen könnten so immer wieder auf die internationale Tagesordnung gesetzt und der Weltöffentlichkeit sichtbar gemacht werden. Dadurch ließe sich auch der Druck auf staat-

liche Entscheidungsträger zugunsten einer global ver-
antwortlichen Politik deutlich erhöhen.

Ein UN-Parlament wäre ein neues Verbindungs-
glied zwischen den Vereinten Nationen, den nationalen Parlamenten und der Zivilgesellschaft. Die Arbeit
der Weltorganisation würde transparenter und in der
Öffentlichkeit präsenter. Gleichzeitig wäre ein direkter
Weg eröffnet, auf dem wichtige Bürgeranliegen auch
ohne Vermittlung nationaler Regierungen auf die
weltpolitische Agenda kommen könnten. Die globale
Parlamentarierversammlung könnte außerdem zum
zentralen Ort auf der Weltbühne werden, um Exper-
tenwissen, kreative Lösungsansätze und ganzheitliche
Sichtweisen in die globale Politikgestaltung einzubringen. Sie könnte auch den wichtigsten Knotenpunkt
bereitstellen für die Kommunikation, den Austausch
und die Vernetzung innovativer Kräfte in der Zivilgesellschaft – mit einem kontinuierlichen Zugang zu
Volksvertretern, die ihrem Auftrag nach der ganzen
Menschheit verpflichtet wären.

Das neue Gremium wäre ein mächtiges Symbol der
kosmopolitischen Sichtweise, dass alle Menschen auf
dieser Erde gleichwertig sind und untrennbar eine Gemeinschaft bilden. Dass sie wesentliche gemeinsame
Interessen und Werte teilen und das unveräußerliche
Recht besitzen, auch gemeinsam über die Regelung der
globalen Prozesse zu entscheiden, die ihr Schicksal bestimmen. Dass zu der Loyalität gegenüber dem Staat
eine »weltbürgerliche« Loyalität hinzutreten muss, mit
der jeder Erdenbürger eine Mitverantwortung für die
ganze planetarische Lebensgemeinschaft trägt.

Die Selbstverständlichkeit der überholten staa-
tenzentrierten und kurzfristig orientierten Sichtwei-

sen würde so aufgebrochen durch eine gleichermaßen erd- und bürgerzentrierte Perspektive.

In diesem Sinne könnte ein UN-Parlament schließlich eine ausschlaggebende Rolle spielen als Motor für die weitere Demokratisierung des ganzen Weltsystems und schließlich für die Etablierung einer demokratisch legitimierten Weltinnenpolitik. Ein Parlament auf Weltebene ist vielleicht der entscheidende Schritt, der notwendig ist, damit die in dem anarchischen und immer weniger steuerbaren System der Staatenwelt gefangene Menschheit die Herrschaft über ihr Schicksal zurückgewinnen kann, bevor sie ihre eigenen Lebensgrundlagen zerstört.

Oder in den Worten des 14. Dalai Lama, der das Ziel einer Parlamentarierversammlung bei den Vereinten Nationen ebenfalls unterstützt: Die Menschheit braucht eine Stimme. Und sie braucht für die Weiterentwicklung einer ihrer wichtigsten Wohlstandsformen, des Demokratiewohlstands, ein Weltparlament, das ihr für globale Herausforderungen eine Stimme bietet.

**1. WeComs – eine neue Generation von
Genosssenschaften im Gemeinwohlmodus**
Schon Platon wusste: »Indem wir das Wohl anderer
erstreben, fördern wir unser eigenes.« Die Förderung
des Wohlstands der Gemeinschaft und des Gemeinwohls, ist – richtig bedacht und gut gemacht – die
beste Förderung auch des eigenen Wohls und Wohlstands. Lange meinte man, die Erkenntnisse Dar-
wins würden dem widersprechen. Ist die Evolutions-
geschichte nicht eine Geschichte des Wettbewerbs
und des Überlebens des Stärkeren – »Survival of the
fittest«? Als ich Mitte der 1980er Jahre Jost Herbigs
Buch »Am Anfang war das Wort – Die Evolution des
Menschlichen« las und daraufhin eintauchte in die
Erkenntniswelt systemischer Grundlagenforschung
aller Systeme, eröffnete dies ein radikal anderes Evo-
lutionsverständnis: Evolution war in ihrem Kern
immer und überall ein Ergebnis von *Kommunikation*
und *Kooperation*, und zwar für das Gemeinwohl der
Gemeinschaft, in dem das Wohl des Einzelnen fort-
schreitend verbessert mitgedacht ist.

Gemeinwohlorientierung hat sehr viele Facetten.
Die bereits angesprochene Studie des Genisis-Instituts über mehr als 200 kleinere bis weltumspannende
Einzeltrends der jüngsten Zeit erkannte als deren
dominierende Gemeinsamkeiten: deutlich mehr Orientierung auf Kooperation und deutlich mehr Orientierung auf das Gemeinwohl als »Megatrend WeQ,
Wir-Qualitäten«. In diesem letzten Kapitel stehen zwei

Gemeinwohltrends in der Ökonomie im Fokus: Genossenschaften und deren möglicherweise riesengroße Renaissance sowie die sogenannte Gemeinwohl-Ökonomie.

Der internationale Genossenschaftsbund ICA (International Co-operative Alliance) beschreibt Genossenschaften (engl. »co-operatives«) wie folgt: »Eine Genossenschaft ist eine autonome Gesellschaft von Personen, die sich freiwillig zur Durchsetzung gemeinsamer ökonomischer, sozialer und kultureller Bedürfnisse und Ziele zu einer Unternehmung in gemeinschaftlichem Besitz und unter demokratischer Verwaltung zusammengeschlossen haben... (Sie) sind auf Werte der Selbsthilfe, Selbstverantwortung, Demokratie, Gleichheit, Billigkeit und Solidarität aufgebaut... Ihre Mitglieder glauben an die ethischen Werte Ehrlichkeit, Offenheit, Sozialverantwortung und Interesse an anderen Menschen.« Immer mehr der bereits ausführlich beschriebenen Szene der sozialen Innovatoren wählen ihre Unternehmensgründungen in Form von Genossenschaften. Die Möglichkeit, sozialinnovative Ideen über genossenschaftlich organisierte Communitys aufzustellen und auf diesem Wege besonders leicht und schnell zu skalieren, trug ferner dazu bei, dass digital-soziale Innovationen der Genossenschaftsidee völlig neue Szenen zuführen.

Eine zweites Beschleunigungsmoment für die Wiederbelebung des Genossenschaftsgedankens erklärt sich aus einer Beobachtung von Jeremy Rifkin, die er in seinem Buch »Die Null-Grenzkosten-Gesellschaft« über die augenblickliche Wandlung der Weltwirtschaft anstellte: Durch die immer schnelleren Phasen radikaler technologischer Innovationen und die diesen Prozess noch einmal beschleunigenden digitalen Innovationen reduzieren sich die Grenzkosten für immer mehr Produkte und Dienstleistungen mit immer größerer Geschwindigkeit – und zwar in Richtung »null Grenzkosten«. Dadurch können immer mehr Menschen und Menschengruppen immer leichter zu Produzenten oder »Prosumenten« – also Konsumenten und Produzenten gleichzeitig – werden. Diese organisieren sich zu offenen »Collaborative Commons«, einer Art Vorstufe von Genossenschaften. Die durch den harten Innovationswettbewerb im Kapitalismus systemisch bedingte permanente Reduzierung der Grenzkosten führt irgendwann dazu, dass sich eine andere Voraussetzung des Kapitalismus ebenfalls systemimmanent immer weiter reduziert: die Gewinnmargen. Dieser Prozess kann temporär kompensiert werden durch Globalisierungs- und Monopolisierungseffekte von Unternehmen, die es verstehen, diese Vorteile für sich zu nutzen. In immer mehr Produktions- und Dienstleistungsbereichen verliert sich dieser Effekt jedoch in dem Maße, wie sich Collaborative Commons – was nichts anderes sind als genossenschaftsähnliche Gemeinschaften – in Bereichen wirtschaftlich organisieren, in denen die Grenzkosten nahe null sind. Jeremy Rifkin kommt angesichts dieser sich immer stärker zeigenden Tendenzen zu der kühnen These, dass bis 2050 bereits die Hälfte der Weltwirtschaft durch Collaborative Commons bestimmt sein wird – in Verbindung mit genossenschaftlichen und genossenschaftsähnlichen Wirtschaftsformen: »Ein neues Wirtschaftssystem – die Collaborative Commons – betritt die ökonomische Weltbühne. Sie sind das erste neue ökonomische Paradigma seit dem Aufkommen von Kapitalismus und

Sozialismus im frühen 19. Jahrhundert, das tatsächlich Wurzeln zu fassen vermag. Und sie bringen einen grundlegenden Wandel in der Organisation unseres Wirtschaftslebens, der sowohl die Möglichkeit einer drastischen Verringerung der Einkommenskluft als auch einer Demokratisierung der Weltwirtschaft und die Chance zum Aufbau einer ökologisch nachhaltigen Gesellschaft in Aussicht stellt... Genossenschaften sind das einzige Geschäftsmodell, das bei einer Nahe-zu-null-Grenzkosten-Gesellschaft noch funktioniert.«

Das heute bereits vorhandene wirtschaftliche und gesellschaftliche Gewicht von Genossenschaften wird meist weit unterschätzt. Laut ICA verdienen heute bereits nicht weniger als 250 Millionen Menschen weltweit ihr Einkommen in Genossenschaften und sind annähernd 1,5 Milliarden Menschen in Genossenschaften organisiert. In den USA und in Deutschland ist jeder vierte Bürger Mitglied in mindestens einer Genossenschaft, in Japan jeder dritte und in Kanada und Frankreich mehr als jeder zweite. In Indien und China gehören jeweils rund 400 Millionen Menschen Genossenschaften an. Auch in traditionellen Bereichen genossenschaftlicher Organisationsformen wie Landwirtschaft und Bankwesen nehmen Ansehen und Umsätze von Genossenschaften seit einigen Jahren wieder deutlich zu. Genossenschaftliche Banken kamen wesentlich besser durch die letzte globale Finanzkrise 2008. In Deutschland decken sie derzeit 32 Prozent des Finanzsektors ab und sind damit bereits größer als der Privatbankensektor mit Deutscher Bank oder Commerzbank etc.

Sehr weite Wirtschaftsbereiche werden in den kommenden Jahren hinzukommen in genossenschaftlichen Organisationsformen. Ein großer Bereich wird aus dem Feld der sogenannten Sharing Economy kommen. Derzeit wird Sharing Economy in der öffentlichen Wahrnehmung noch mit Unternehmen wie Uber oder Airbnb verbunden. Die Kernideen, die deren Geschäftsmodellen zugrunde liegen, sind zwar soziale Innovationen, die wirtschaftliche Form ihrer Umsetzung ist jedoch reiner gewinnmaximierender Finanzkapitalismus. Diese Geschäftsmodelle können jedoch nur so lange funktionieren, wie sie nicht von Genossenschaften kopiert und umgesetzt werden. Sie sind sehr leicht zu kopieren. Genossenschaften werden sehr schnell sehr viel besseres Vertrauen gewinnen. Sie brauchen geringere Renditen. Und Genossenschaften, die Konzepte wie Uber oder Airbnb regional ersetzen, gibt es bereits an immer mehr Orten und diese verdrängen die finanzkapitalistische Konkurrenz. Couchsurfing, der größte Konkurrent von Arbnb bei der temporären Vermietung von privatem Wohnraum als Hotelalternative, wuchs bis 2011 auf 5,5 Millionen Mitglieder. In diesem Jahr wurde dieses Unternehmen privatisiert, was das Wachstum eher verlangsamte. Die entbrannte öffentliche Kritik an Uber, Airbnb und Co. eröffnet genossenschaftlichen Ansätzen besonders gute Entwicklungschancen.

Das Beispiel der Energiewerke Schönau (EWS) zeigt die Entwicklungspotenziale von Energiegenossenschaften in einem der traditionell größten Sektoren der Wirtschaft, der Energiewirtschaft. Deren Modell, Genossenschaften zu organisieren, über die ausschließlich erneuerbare Energieformen unterstützt und bezogen werden, fürchten inzwischen selbst die Energiegiganten als sehr ernsthafte und sogar existenzbedrohende Konkurrenz. Je günstiger erneuerbare Energieformen werden, desto mehr verstärkt sich der Trend zu genossenschaftlichen Modellen. Allein in Deutschland gibt es bereits mehr als 900 Energiegenossenschaften. Weltweit setzt sich der Trend zu Energiegenossenschaften durch, und zwar sowohl in traditionellen Industriegesellschaften als auch in Schwellen- und Entwicklungsländern.

Das Genisis-Institut und die WeQ Foundation arbeiten derzeit gemeinsam mit Markus Stegfellner, der mit der »Bank für Gemeinwohl« in Wien eine radikal modernisierte Form von Genossenschaftsbank konzipierte und umsetzte, an einem Konzept für »We-Qubators«. Damit sind Inkubatoren, Gründungshelfer für zeitgemäße Genossenschaften im Sinne von Jeremy Rifkin gemeint, sogenannte »WeComs«.

»WeComs« steht für Wir-orientierte Communitys, für Wir-orientierte Companies und für eine »Communication« dieser alten und neuen Unternehmensform, die deren WeQ-Orientierung hervorhebt.

2. Gemeinwohlbilanz als neuer Wertmaßstab

Besondere Erwähnung verdient in diesem Kontext ferner Christian Felber mit der von ihm gründeten Initiative für Gemeinwohlökonomie. Das erste konkrete Instrument für das Erreichen dieses Ziels ist eine Gemeinwohlbilanz. Unternehmen können damit überprüfen, wie gut dieses bereits in seinem Gesamtverhalten dem Gemeinwohl dient entsprechend den Gemeinwohlwerten Menschenwürde, Solidarität, ökologische Nachhaltigkeit, soziale Gerechtigkeit und Transparenz sowie Demokratie. Die Gemeinwohl-Bilanz soll die klassische Finanzbilanz als Hauptbilanz eines Un-

ternehmens ablösen beziehungsweise zwingend ergänzen. Der augenblickliche Stand liegt bei etwa 400
Unternehmen, darunter die Sparda Bank München,
dessen Leiter Helmut Lind seine Erfahrungen mit der
Gemeinwohlbilanz und dem WeComs-Denken in seinem Buch »Wirtschaft für alle – WeComs schaffen eine
neue Ökonomie« zusammengefasst hat. Rund 3.000
weitere Unternehmen unterstützen diese Idee.

Ganz im Sinne der Gemeinwohlökonomie hat die
EU-Kommission 2014 den Beschluss gefasst, dass Unternehmen ab 500 Mitarbeitern künftig jährlich be-
richten müssen, wie sie mit den Menschenrechten, den
Arbeitsbedingungen, der Umwelt und dem Risiko der
Korruption umgehen. Bis zum Jahr 2017 sollten die
Mitgliedsstaaten diese Vorgabe in ihr nationales Recht
übernommen haben. Die Voraussetzungen dafür, dass
die Gemeinwohlbilanz tatsächlich in absehbarer Zeit
zu einem neuen Schlüsselstandard für alle Unternehmen wird, sind auf gutem Wege.

**3. Gemeinwohlinteresse bei den neuen
grundlegenden Zukunftsentscheidungen**
Wie wollen wir umgehen mit den neuen entscheidenden Fragen unserer Zukunft? Wie wollen wir umgehen
mit dem Phänomen, dass auf der Grundlage so wert-
voller digitaler Services wie einer universellen Such-
maschine für das Weltwissen und Weltarchiv nahezu
allmächtige Monopole entstehen? Wie mit dem derzeit
zur universellen Wirklichkeit werdenden Phänomen,
dass unsere Daten kollektiv abgegriffen und privatwirtschaftlich ausgewertet und vermarktet werden?
Wie mit dem Phänomen, dass frei erfundene Nachrich-
ten und blanker Hass der menschenverachtendsten

Art ein faktisch fast rechtsfreies Paralleluniversum in asozialen Medien finden konnten mit dem Ergebnis, dass dadurch bereits mehrere demokratische Wahlen zu demagogischen Wahlen mutierten?

Wie bereits erwähnt, brachte eine Studie des Genisis-Instituts zutage, wie viele neue Phänomene und Trends den viel klügeren Wert von Gemeinwohlorientierung statt egomanem Mein-Wohl-Interesse erkannten und zur Richtschnur des eigenen Handelns machten. Zukunftsentscheidend ist jedoch, diesen Trend- und Haltungswechsel auch für so grundlegende Fragen wie die hier gestellten und alle weiteren Fragen zu vollziehen, wo neue technische Möglichkeiten ein Werte- und Steuerungsvakuum geschaffen haben. Wir müssen die derartigen Vakuen identifizieren – und mit klaren gemeinwohlorientierten Antworten und Konzepten füllen. An dieser Stelle dürfen wir uns keinen Illusionen und Nachlässigkeiten hingeben.

Was können gemeinwohlorientierte Antworten zu den drei beispielhaft genannten Fragen sein?

Zur ersten, der Google- und Co.-Frage: Eine Reihe der neuen digitalen Services haben für die Zukunftsentwicklung aller Menschen einen ähnlichen Almende-Charakter wie die Luft zum Atmen: Sie sind Gemeingut, Allgemeingut. Und sie sollten deshalb auch so gehandhabt werden. Ihre Kreatoren sollten fürstlichst honoriert und mit optimalen Forschungs- und Entwicklungsbedingungen gefördert werden, aber wir sollten ernsthaft darüber nachdenken, wie derartige Unternehmen konstituiert werden – vielleicht als eine Art globaler Genossenschaften in gleichen Anteilen und Mitspracherechten für alle Erdenbürger? Wir sollten die Frage offen und ergebnisoffen diskutieren. **185**

Zur zweiten, der Frage unserer Daten, kann ein analoger Ansatz sinnvoll sein wie zur ersten Frage: Auch hier muss der Tatsache Rechnung getragen werden, dass persönliche Daten nicht einfach ungefragt privatwirtschaftlich abgegriffen und privatwirtschaftlich vermarktet werden können. Die Entwickler der Innovationen, die dies ermöglichen, können gerne für diese Leistung angemessen und gut entlohnt werden. Aber die Daten aller gehören allen. Daher bietet sich auch für dieses Thema eine Art globaler Genossenschaft an, in der über die Regeln für deren Nutzung durch gleiche Mitspracherechte aller entschieden wird und alle an den Erlösen in gleicher Weise beteiligt sind.

Zur dritten, der Frage des Umgangs mit Fake- und Hass-Kommunikation sollten wir einen Blick in die Kulturgeschichte der Menschheit werfen. Ausnahmslos alle Religionen der Menschheitsgeschichte brandmarkten Verleumdung und Rufmord als zugehörig zu den allerverwerflichsten und schwerwiegendsten menschlichen Verfehlungen. »Richte nicht, damit du nicht gerichtet werdest« – so, als hättest du exakt jene Tat begangen, die du anderen leichtfertig oder bösartig anhängst. Dank der digitalen sozialen Medien wurde das Tor zu einer vollkommen neuen Intensität und Universalität zwischenmenschlichen Austauschs aufgetan. Dieses kann nun genutzt werden für eine neue Wir-Qualität im Sinne von WeQ – More than IQ. Oder es kann mit Menschenverachtung verseucht werden, dem schlimmsten zwischenmenschlichen Gift, das heute virtuell mit tausend- und millionenfach größerer Virulenz in Umlauf gebracht werden kann – und deshalb in dieser Dimensionierung neu bewertet werden muss. Die Unterscheidung zwischen

Meinungsfreiheit und Menschenverachtungsfreiheit ist jedem Menschen zumutbar. Sie ist heute noch weitaus wichtiger als zu jeder Zeit zuvor. Und selbstverständlich muss sich unsere Haltung und müssen sich unsere Gesetze und deren Handhabung auf die heutige Situation der weitaus größeren positiven wie negativen Wirkungsmacht menschlichen Denkens und Handelns anpassen.

Bei dem, was positiv möglich geworden ist für das menschliche Leben und Gedeihen, wäre es dumm und fahrlässig, wenn wir es versäumten, den gemeinsamen Blick auf diese atemberaubend chancenreiche »Zukunft für alle« zu richten.

Wer eine Community sucht, die an den Themen dieses Buches mit den angesprochenen Werten und Orientierungen arbeitet, der sei hier auf die WeQ Foundation verwiesen. Diese versteht sich als moderner Think-and-Do-Tank, der die Zukunftsherausforderungen im WeQ-Modus und -Mindset angeht – also im Sinne von »WeQ – More than IQ« – und für das große Ziel einer »Zukunft für alle«, »Future for All«.

LINKS

www.genisis-institute.org / www.weq.institute
www.futureforall.net
www.weq.foundation
www.visionsummit.org
www.edu-action.de
www.goodimpact.org
www.enorm-magazin.de
www.peterspiegel.de

LITERATUR

Alt, Franz/ Gorbatschow, Michail: Kommt endlich zur Vernunft – Nie wieder Krieg. Wals bei Salzburg: Beneventobooks 2017.

Alt, Franz/Dalai Lama: Ethik ist wichtiger als Religion. Wals bei Salzburg: Beneventobooks 2015.

Alt, Franz/Spiegel, Peter: Gute Geschäfte – Humane Marktwirtschaft als Ausweg aus der Krise. Berlin: Aufbau-Verlag 2009.

Alt, Franz: Auf der Sonnenseite –Warum uns die Energiewende zu Gewinnern macht. München: Piper 2013.

Alt, Franz: Die Sonne schickt uns keine Rechnung – Neue Energie, Neue Mobilität, Neue Arbeitsplätze. München: Piper 2013.

Alt, Franz: Flüchtling – Jesus, der Dalai Lama und andere Vertriebene. Gütersloh: Gütersloher Verlagshaus 2016.

Alt, Franz: Was Jesus wirklich gesagt hat – Eine Auferweckung. Gütersloh: Gütersloher Verlagshaus 2015.

Spiegel, Peter/Rasfeld, Margret: EduAction. Wir machen Schule. Hamburg: Murmann 2012.

Spiegel, Peter/Zervas, Georgios: Die 1-Dollar-Revolution. Globaler Mindestlohn gegen Ausbeutung und Armut. München: Piper 2016.

Spiegel, Peter: Eine bessere Welt unternehmen. Wirtschaften im Dienst der Menschheit. Freiburg: Herder 2011.

Spiegel, Peter: Muhammad Yunus – Banker der Armen, Gestalter der Zukunft. Freiburg: Herder 2012.

Spiegel, Peter: Schmetterlingseffekte. Meine verrückte Bildungsbiografie. Hamburg: Murmann 2013.

Spiegel, Peter: WeQ – More than IQ. Abschied von der Ich-Kultur. München: Oekom 2015.

DANK

Für die Erstellung dieses Buches haben wir beim Vision Summit im November 2016 die dortigen Teilnehmer dazu eingeladen, auf der Grundlage einer vorläufigen, deutlich kürzeren Fassung ihre Vorschläge für weitere wichtige Inhalte bis Mitte Dezember 2016 an uns zu senden. In die hier vorliegende Fassung der Grundsatzerklärung »Gerechtigkeit – Zukunft für alle« flossen zahlreiche Anregungen ein.

Wir möchten uns besonders bedanken bei Bigi Alt, Maja Brauer, Helga Breuninger, Saskia Bruysten, Andreas Bummel, Aljoscha Burchardt, David Diallo, Tobias Ernst, Moritz Ettl, Günter Faltin, Carl-A. Fechner, Maja Göpel, Gregor Hackmack, Christian Hausner, Thomas Hohn, Noara Kebir, Friedrich Kiesinger, Norbert Kunz, Fritz Lietsch, Regine Lorenz, Silke Luinstra, Eugen Marquard, Corinna Mertschenk, Marja Paape, Daniel Philipp, Margret Rasfeld, Hans Reitz, Andreas Rickert, Matthias Scheffelmeier, Winfried Schley, Thomas Schmitz, Gesine Schwan, Wolfgang Siegel, Monika Spiegel, Philipp Spiegel, Claudia Stegfellner, Markus Stegfellner, Norbert Taubken, Nick Tewes, Andrea Thilo, Anna Tlach, Hans Uszkoreit, Ulrich Weinberg, Ernst Ulrich von Weizsäcker, Kerstin Wilmanns, Muhammad Yunus und Georgios Zervas.

Franz Alt & Peter Spiegel

Für alle Lebensliebhaber bietet das Gütersloher Verlagshaus Durchblick, Sinn und Zuversicht. Wir verbinden die Freude am Leben mit der Vision einer neuen Welt.

UNSERE VISION EINER NEUEN WELT

Die Welt, in der wir leben, verstehen.

Wir sehen Menschlichkeit als Basis des Miteinanders: Mitgefühl, Fürsorge und Beteiligung lassen niemanden verloren gehen. Wir stehen für gelingende Gemeinschaft statt individueller Glücksmaximierung auf Kosten anderer.

Wir leben in einer neugierigen Welt: Sie sucht ehrgeizig und mitfühlend Lösungen für die Fragen unseres Lebens und unserer Zukunft. Wir fragen nach neuem Wissen und drücken uns nicht vor unbequemen Wahrheiten – auch wenn sie uns etwas kosten.

Wir leben in einer Gesellschaft der offenen Arme: Toleranz und Vielfalt bereichern unser Leben. Wir wissen, wer wir sind und wofür wir stehen. Deshalb haben wir keine Angst vor unterschiedlichen Weltanschauungen.

**Das Warum und Wofür
unseres Lebens finden.**

**Erfahren, was uns im Leben
trägt und erfreut.**

**Wir helfen einander,
uns selber besser zu verstehen:**
Viele Menschen werden sich erst
dann in ihrem Leben zuhause
fühlen, wenn sie den eigenen We-
senskern entdecken – und Sinn in
ihrem Leben finden.

....

**Wir ermutigen Menschen, zu ihrer
Lebensgeschichte zu stehen:**
In den Stürmen des Alltags geben
wir Halt und Orientierung. So
können sich Menschen mit ihren
Grenzen aussöhnen und zuver-
sichtlich ihr Leben gestalten.

....

**Wir haben den Mut, Vertrautes
hinter uns zu lassen:**
Neugierde ist die Triebfeder eines
gelingenden Lebens. Wir wagen
Neues, um reich an Erfahrung zu
werden.

**Wir glauben an die Vision
des Christentums:**
Die Seligpreisungen der Bergpre-
digt lassen uns nach einer neuen
Welt streben, in der Vereinsamte
Zuwendung, Vertriebene Zuflucht,
Trauernde Trost finden – und
Gerechtigkeit, Barmherzigkeit
und Frieden herrschen.

....

**Wir geben Menschen die
Möglichkeit, den Glauben (neu)
zu entdecken:**
Persönliche Spiritualität gibt
Kraft, spendet Trost und fördert
die Achtung vor der Schöpfung
sowie die Freude am Leben.

....

**Wir stehen mit Respekt vor
der Glaubenserfahrung anderer:**
Wissen fördert Dialog und Verständnis, schützt vor Fundamen-
talismus und Hass. Wir wollen
die Schätze anderer Religionen
kennenlernen, verstehen und
respektieren.

GÜTERSDIE
LOHERVISION
VERLAGSEINER
HAUSNEUENWELT

Bibliografische Information der Deutschen Nationalbibliothek

Die Deutsche Nationalbibliothek verzeichnet diese Publikation
in der Deutschen Nationalbibliografie; detaillierte bibliografische
Daten sind im Internet über https://portal.dnb.de abrufbar.

 Verlagsgruppe Random House FSC® N001967

1. Auflage
Copyright © 2017 Gütersloher Verlagshaus, Gütersloh,
in der Verlagsgruppe Random House GmbH,
Neumarkter Str. 28, 81673 München

Der Verlag weist ausdrücklich darauf hin, dass im Text
enthaltene externe Links vom Verlag nur bis zum Zeitpunkt
der Buchveröffentlichung eingesehen werden konnten.
Auf spätere Veränderungen hat der Verlag keinerlei Einfluss.
Eine Haftung des Verlags ist daher ausgeschlossen.

Umschlaggestaltung: Gute Botschafter GmbH, Haltern am See
Druck und Bindung: Friedrich Pustet GmbH & Co. KG, Regensburg
Printed in Germany
ISBN 978-3-579-08663-7

www.gtvh.de